Modèle physique de do relationnel

Oracle

Pierre-André Sunier

1ère édition

Modèle physique de données relationnel

Oracle

Pierre-André Sunier

1ère édition

Publié par Pierre-André Sunier, le 25 mars 2019
https://sites.google.com/site/pasunier/home

Collection : *Système d'information informatisé de l'entreprise*

1) *Modèle conceptuel de données, 2ème édition, Pierre-André Sunier, 179 pages, 2016*

2) *Modèle logique de données relationnel, 2ème édition, Pierre-André Sunier, 177 pages, 2018*

3) *Modèle physique de données relationnel - Oracle, 1ère édition, Pierre-André Sunier, 105 pages, 2019*

4) *Modèle physique de données relationnel - MySQL, Pierre-André Sunier, publication prévue en 2019*

5) *Modèle physique de données relationnel - PostgreSQL, Pierre-André Sunier, publication prévue en 2020*

6) *Modélisation des données, Les bases, Pierre-André Sunier, publication prévue en 2019*

7) *Modélisation des données, Choix architecturaux, Pierre-André Sunier, publication prévue en 2022*

8) *Ingénierie des données, Les bases, Pierre-André Sunier, publication prévue en 2020*

9) *Ingénierie des données, Les APIS de tables Oracle, Pierre-André Sunier, publication prévue en 2021*

ISBN-13 : 978-1729527450

Avant-propos

Pourquoi ce livre ?

Ce livre est la suite, pour les bases de données Oracle, de celui que j'ai consacré à la modélisation logique relationnelle des données :

[PAS-2]
Modèle logique de données relationnel
Pierre-André Sunier
Amazon
Gorgier, 2018

Objectifs du livre

L'objectif de ce livre est de présenter un ensemble de techniques et de règles propices à :

- Elaborer des modèles physiques de données relationnels pour les systèmes de gestion de bases de données Oracle, MPDR-Oracle en abrégé.
- Transformer un modèle logique de données relationnel en un modèle physique pour Oracle.

Le modèle physique de données relationnel est traité en deux parties complémentaires :

- Une partie classique qui représente les tables et leurs contraintes.
- Une partie consacrée aux APIs de tables, TAPis (abrégé en anglais). Les TAPIS enrichissent le modèle classique de la première partie.

Par ce livre, je souhaite sensibiliser le lecteur à l'intérêt de mettre en place des APIs de tables.

A qui s'adresse le livre ?

Je m'adresse à tout lecteur qui est intéressé par la problématique des systèmes d'information de l'entreprise et particulièrement la modélisation, sous forme relationnelle, des données de l'entreprise.

- Le débutant sera guidé dans son apprentissage en découvrant les concepts de base qui lui permettront d'asseoir ses connaissances.
- Le modélisateur averti pourra évaluer l'intérêt de l'enrichissement du modèle physique de données relationnelles avec des APIs de tables.
- L'expert pourra confronter sa pratique de tous les jours avec les diverses propositions tendant à transformer des modèles logiques de données relationnels en modèles physiques de données relationnels enrichis par les déclencheurs et le code des APIs de tables.

Prérequis

La lecture préalable ou en parallèle du livre *Modèle logique de données relationnel* [PAS-2] que je cite au début de cet avant-propos est indispensable à la compréhension du modèle relationnel et à la déclinaison que j'en fais en tant que modèle logique de données.

Structure du livre

Le livre est organisé en 6 parties :

- **Introduction**
  L'introduction fixe le vocabulaire que j'utilise tout au long de ce livre et présente les traits généraux de la démarche de modélisation.
- **Bases du modèle physique de données relationnel Oracle classique**
  Cette deuxième partie présente les bases du modèle physique de données relationnel classique pour le système de gestion de base de données Oracle.

- **APIs de tables**
  Cette troisième partie présente le concept des APIs de tables. Les APIs de tables enrichissent le modèle physique classique en recourant à des déclencheurs et des procédures stockées au sein du système de gestion de base de données.
- **Commandes SQL-DDL de consolidation de schéma de base de données relationnelle**
  Cette partie présente quelques commandes SQL-DDL qui permettent de passer du modèle physique à l'implantation concrète pour le système de gestion de base de données Oracle.
- **Transformation du MLD-R en un MPDR-Oracle**
  Cette partie relève de l'ingénierie. Elle présente les règles principales de transformation d'un modèle logique de données relationnel (MLD-R) en un modèle physique destiné au système de gestion de base de données Oracle (MPDR-Oracle).
- **Transformation du MPDR-Oracle en commandes SQL-DDL**
  Cette dernière partie permet de passer du monde des modèles à celui de la réalité d'une base de données relationnelle.

Choix architecturaux de réalisation des modèles

Les modèles physiques de données relationnel sont réalisés avec l'atelier de génie logiciel Visual Paradigm, VP en abrégé.

A propos des exemples

Les fragments de modèles présentés ne montrent, souvent, que les éléments (colonnes, relations, contraintes…) nécessaires à la seule illustration désirée.

J'ai repris le cas pratique de gestion commerciale de mon premier livre [PAS-1] pour illustrer l'essentiel des bases de la modélisation physique de données relationnelle et de la transformation depuis le modèle logique. Je prie le lecteur de se référer à ce livre s'il souhaite des explications quant aux modalités de l'élaboration[1] du cas pratique et des autres exemples.

Conventions typographiques

«Table»	Terme propre aux modèles de données (ou aux profils UML utilisés)
Articles	Elément d'illustration
W3C	Nom de produit, constructeur, norme ou autre
système	Mise en évidence
CREATE TABLE	Code (SQL ou autre)
⭐	Mise en évidence des explications relatives aux exemples
📷	Elément important
📇	Elément destiné à un expert
🛠	Renvoi à un cas pratique complémentaire
⏸	Remarque

---

[1] Règles de gestion et autres.

Mise en évidence d'un élément de maquette

[PAS-1]   Référence bibliographique

[PAS-1 – X]   Partie ou chapitre X d'une référence bibliographique

[PAS-1 – X | Y]   Chapitre Y de la partie X d'une référence bibliographique

Compléments sur internet

Un site compagnon est dédié à mes livres :
> https://sites.google.com/site/pasunier/home

Les informations relatives à ce livre se trouvent à l'adresse suivante :
> https://sites.google.com/site/pasunier/home/SIIE/MPDR-Oracle

Bibliographie

Le livre se voulant un recueil didactique, j'ai volontairement renoncé à mettre des références bibliographiques pour les différentes règles et techniques de modélisation et de transformation des données. J'envisage d'écrire un livre qui présentera les choix architecturaux de modélisation et de transformation que j'ai retenus. Ils y seront justifiés et référencés.

Toutefois, j'ai mis en annexe une partie de la bibliographie que j'ai régulièrement utilisée pour choisir ou définir les règles de modélisation et les techniques sous-jacentes.

Remerciements

Au Centre de formation professionnelle du Littoral neuchâtelois, CPLN, à Neuchâtel. Le CPLN m'a permis de mettre en place mes premiers cours de modélisation de données et surtout de les confronter à la réalité du terrain au travers de nombreux mandats internes et externes.
A la Haute école Arc de Neuchâtel, HE-Arc. La HE-Arc m'a donné les moyens d'approfondir la problématique et les solutions d'automatisation de règles de gestion en code applicatif de gestion de l'intégrité des données.
A la Haute école spécialisée de Suisse occidentale, HES-SO. La HES-SO a financé plusieurs de mes travaux de recherche. Aux nombreux organismes publics ou privés qui, au travers de mandats, m'ont donné l'opportunité de mettre en place un bouclage qualitatif entre problèmes réels, travaux de recherche et solutions implantées.
A toutes les étudiantes et tous les étudiants qui par leur participation active à mes cours m'ont amené à devoir et pouvoir justifier tous les choix architecturaux de modélisation que je présente dans ce livre.
A mes collègues de ces 30 dernières années avec qui j'ai eu l'occasion d'échanger sur la thématique du développement de logiciels de gestion et plus particulièrement la modélisation des données.
A Fabrice Camus et Bertrand Loison qui ont relu ce livre et m'ont permis par leurs conseils, remarques ou questions d'en améliorer le contenu.
A Caroline Ruffieux, Luc Rochat et Pierre Jobin pour leurs conseils en édition.
A Natacha Devaux pour sa relecture et ses conseils de rédaction.
A Stéphan Devaux pour le contrôle final des différents modèles.
A Christelle Duchêne Plancherel pour certaines illustrations de la première partie.

Pierre-André Sunier
pa.sunier@gmail.com

Table des matières

Introduction

1 Définitions

La modélisation des données des systèmes d'information (SI) des entreprises ou organisations nécessite de définir ce qu'est une entreprise, un système d'information, une donnée et un modèle. L'introduction va fixer notre vision de ces différents éléments.

1.1 *Entreprise ou organisme*

Une **entreprise** est un système social qui a comme finalité de produire des biens ou des services à but commercial.

Comme tout système social, chaque **entreprise** doit s'organiser pour réaliser sa finalité et atteindre son but. Il s'agit, essentiellement, de coordonner les activités humaines, matérielles ou autres nécessaires à produire les biens ou services dans des conditions économiques viables.

Figure 1 - Entreprise

1.2 *Le SI*

Le concept de **système d'information (SI)** de l'entreprise trouve son origine dans l'approche systémique de l'étude des systèmes sociaux et autres.

L'approche systémique nous propose de considérer l'entreprise, en tant que système social, formé de trois sous-systèmes essentiels :

- Le sous-système de pilotage (SP) qui coordonne l'ensemble de l'activité en fonction de la mission.
- Le sous-système d'information (SI) qui capte, mémorise, traite et restitue les informations utiles aux sous-systèmes opérant et de pilotage ainsi qu'à l'environnement.
- Le sous-système opérant (SO) qui active les processus métier pour créer la valeur ajoutée. Le sous-système opérant est la raison d'être de l'entreprise ; il est courant de parler de *métier* pour ce qui a trait au sous-système opérant.

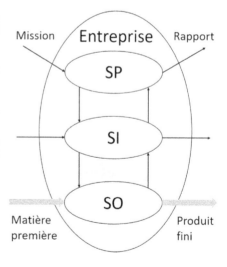

Figure 2 - Entreprise système

1.3   *Le SII*

Le **système d'information informatisé (SII)** est la partie du SI de l'entreprise qui est automatisée grâce aux technologies de l'information (TI ou IT en anglais).

Le SII doit permettre des gains de productivité et/ou d'efficience en optimisant l'organisation de l'entreprise grâce à la circulation des informations[2].

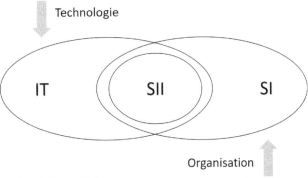

Figure 3 - Positionnement du système d'information informatisé

Le SII doit permettre de capter, de mémoriser, de traiter et de restituer les informations ou données utiles à l'entreprise de manière transparente[3] pour les utilisateurs. La partie informatisée du système d'information de l'entreprise, son organisation et son rôle peuvent être représentés par le diagramme symbolique ci-dessous.

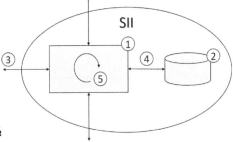

Figure 4 - Organisation du système d'information informatisé

   ① Partie dynamique du SII

   ② Partie statique du SII

   ③ Acquisition de données / Restitution d'informations

   ④ Ecriture et persistance des données / Lecture des données

   ⑤ Traitement des données

---

[2] Ce peut être une standardisation des procédures de travail au niveau du SO ou une amélioration qualitative de la prise de décision au niveau du SP.
[3] S'agissant des aspects techniques.

1.4 *Données et informations*

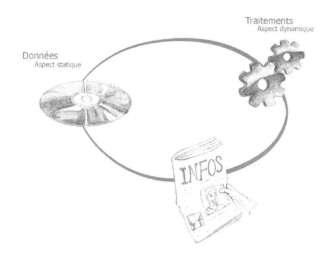

Une information est le résultat d'un traitement appliqué à des données.
Une information est une production sociale qui présente une ou des données selon un point de vue.

La ou les données représentent l'aspect statique, les traitements représentent l'aspect dynamique du processus de production d'information.

Figure 5 - Données et informations

Dans le cadre d'une gestion scolaire, l'absence d'un étudiant à un cours est une donnée.

Le règlement applicable aux cours stipule un taux de présence minimal de 80%.
Ce taux est une donnée agrégée. Cette donnée agrégée aura une valeur comprise entre 0% et 100%.
En affichant ce taux en vert (présence minimale respectée) ou en rouge[4] (présence minimale non respectée), nous privilégions l'information de présence respectée ou pas ; le taux lui-même n'est plus qu'une donnée de quantification.

Etudiant			Cours de modélisation des données										Taux
Matricule	**Nom**	**Prénom**	**1**	**2**	**3**	**4**	**5**	**6**	**7**	**8**	**9**	**10**	
77	Bleu	Marie	X	✓	✓	✓	✓	✓	✓	✓	✓	✓	**90%**
108	Cyan	Steven	✓	✓	✓	✓	✓	✓	✓	✓	✓	✓	**100%**
93	Gris	Anne	✓	X	✓	✓	X	✓	✓	✓	X	X	**60%**
89	Jaune	Pierre	✓	✓	✓	✓	✓	✓	✓	✓	✓	✓	**100%**
124	Noir	Alain	✓	✓	✓	✓	✓	✓	✓	✓	✓	✓	**100%**
91	Pourpre	Claude	✓	X	✓	✓	X	✓	✓	✓	X	✓	**70%**
57	Rouge	Dominique	✓	✓	✓	✓	✓	✓	✓	✓	✓	✓	**100%**
8	Vert	Steve	✓	X	✓	✓	✓	✓	✓	✓	✓	X	**80%**

---

[4] Ecriture blanche sur fond gris foncé pour l'impression du livre en noir et blanc.

1.5   *Données et valeurs de données*

Dans l'optique des systèmes d'information de l'entreprise, lorsque nous parlons de données, il s'agit de conteneurs. Chaque donnée ou plus précisément chaque conteneur peut contenir de multiples occurrences de même nature.

Par exemple, pour une école nous avons des salles et chaque salle a un nom, se situe sur un étage d'un bâtiment et peut contenir un certain nombre de places.

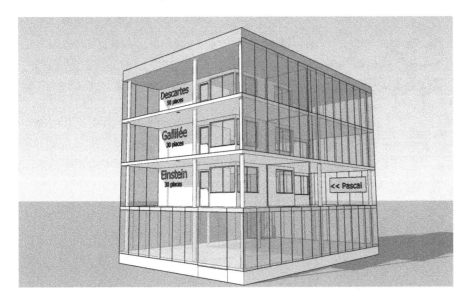

Figure 6 - Ensemble des salles d'une école

La salle *Einstein* de 30 places située au 1er étage est une occurrence de l'ensemble des salles.

Lorsque la littérature parle de la dimension statique du système d'information (SI) à propos des données, l'aspect statique a trait aux conteneurs, les données, et non aux occurrences qui peuvent être ajoutées, modifiées ou supprimées.

La donnée **Salle** d'une école est statique. Nous aurons toujours besoin de salles identifiées par un nom, dotées de places et situées sur un étage spécifique ; par contre, au fil du temps, des salles peuvent être ajoutées, modifiées ou supprimées.

Dans le langage courant, nous ne faisons pas de différence entre :

- donnée (une salle) et valeur de donnée (la salle Descartes) ;
- nature de données (les salles) et donnée (la salle Descartes).

En général, nous parlons de données et selon le contexte nous en déduisons la portée. Il en est de même dans une multitude d'autres situations : en regardant un catalogue de voiture, nous parlons de voiture, mais en fait, c'est une image et non le véhicule physique ou réel avec lequel nous pouvons nous déplacer.

Figure 7 - Voiture ou image d'une voiture ?

1.6 *La nécessité de structure*

Pour toute entreprise, ses données sont un patrimoine essentiel : une entreprise commerciale ne saurait perdre les données de ses clients ou encore de ses débiteurs ; une école ne saurait perdre les coordonnées de ses élèves ou les résultats de ceux-ci acquis lors de session d'examens.

Dans notre vie de tous les jours, pour ne pas perdre quelque chose ou le retrouver aisément, nous nous organisons en conséquence. C'est ce que nous faisons lorsque nous organisons le rangement de notre logement. Chaque pièce est dotée d'un ou plusieurs emplacements de rangement appropriés : le réfrigérateur pour les produits laitiers, le congélateur pour les surgelés, le bahut du balcon pour les fruits, l'armoire de la chambre pour les pulls, la penderie pour les pantalons, etc.

Figure 8 - Rangement

Dans le même ordre d'idée et avant l'informatisation, les entreprises ont organisé leurs données ; celles-ci sont regroupées au sein d'armoires, de classeurs ou encore de dossiers.
Pour que tout collaborateur puisse trouver les données recherchées, les divers conteneurs sont dédiés à une nature de données, par exemple les dossiers de notes des élèves, et les conteneurs sont étiquetés pour en faciliter l'accès.

Figure 9 - Dossiers

Les armoires, classeurs, dossiers ou autres éléments de rangement des données de l'entreprise représentent l'aspect statique du traitement de l'information. Le collaborateur qui recherche, classe, modifie, ajoute ou encore supprime du contenu représente l'aspect dynamique du traitement de l'information.

Les armoires ou tiroirs de notre logement d'un côté ou les armoires, classeurs ou dossiers d'une entreprise d'un autre côté sont des éléments physiques qu'il est aisé d'identifier et de visualiser ; il n'en est malheureusement pas de même pour les données d'un système d'information informatisé (SII) car les conteneurs sont immatériels. Pour résoudre ce problème d'immatérialité, il est recommandé de faire des modèles de données qui représentent la structure des données.

Pour définir une structure des données, nous devons préalablement recenser les données[5] qui devront être stockées ou enregistrées et les grouper par données de même nature. De même, pour l'aménagement de notre logement, nous devrons prévoir une armoire pour les chaussures, une pharmacie pour les médicaments, une commode pour les sous-vêtements et les chaussettes, etc.[6]

En fait, nous allons appliquer l'adage « *une place pour chaque chose et chaque chose à sa place* ». Pour l'aménagement de notre logement, une place sera le troisième tiroir de la commode dans lequel nous rangerons nos chaussettes et une chose sera la paire de chaussettes bleues avec un dessin de soleil sur le côté. Naturellement, dans ce tiroir (place) nous mettrons encore d'autres chaussettes (choses de même nature).

Pour l'aménagement d'une structure de données nous procéderons de la même manière, nous recenserons **les différentes données** qui devront être stockées et les organiserons en données de même nature.

1.7   *Non redondance et qualité des données*

La redondance est le fait de multiplier une ressource pour éviter une défaillance en cas de panne.
Au niveau des composants matériels et logiciels de tout ou partie d'un système d'information informatisé, de nombreuses ressources (on parle plutôt de composants) sont redondantes pour éviter une défaillance et/ou pour répartir une charge de travail.

Au niveau des données, ou plus précisément au niveau de la structure de données d'un système d'information d'entreprise, la redondance est une source de confusion. Si une donnée est redondante, tout se passe correctement tant que les différentes valeurs sont identiques ; par contre, si les valeurs divergent[7], l'utilisation de deux valeurs différentes va produire[8] des résultats contradictoires.

 Un vendeur de voiture établit une fiche par voiture avec le numéro de téléphone de l'acheteur. Si le client achète deux voitures, son numéro de téléphone sera à double et s'il change de numéro, il faudra le changer dans les deux fiches au risque d'avoir un numéro juste et un faux.

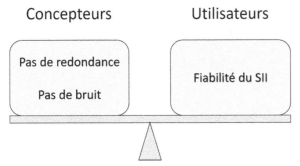

Lorsque nous parlons de qualité des données, nous nous plaçons dans la perspective des utilisateurs mais aussi dans celle des concepteurs[9] de systèmes d'information. Les utilisateurs doivent pouvoir produire et utiliser de l'information fiable. Pour que l'information produite par les systèmes d'information soit fiable il est impératif que les concepteurs puissent s'appuyer sur des données exemptes de redondances qui sont sources de contradictions.

Figure 10 - Qualité des données

---

[5] Pour être plus précis, il s'agit de recenser des instances de données et parmi ces instances, nous pouvons en identifier comme étant de même nature.
[6] Chacun peut décider en fonction de ses contraintes, souhaits ou autres goûts quels tiroirs accueilleront quels habits. Il en est de même pour la modélisation des données, il y a autant de structures différentes qu'il y a de clients et de besoins différents.
[7] Pour certains auteurs ou dans certains domaines de traitement de l'information, le terme de bruit est utilisé pour évoquer des valeurs divergentes de données qui devraient être identiques.
[8] Comme nous l'avons vu [Chapitre 1.4], les données sont la matière première de production de l'information et si la matière première n'est pas de qualité, l'information déduite ne sera pas fiable.
[9] Concepteurs au sens large, c'est-à-dire tous les acteurs de la maîtrise d'œuvre.

1.8 *Gestion et informatique*

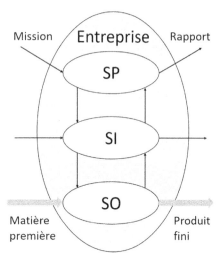

Gestion d'une part et informatique d'autre part peuvent être associés à la représentation systémique de l'entreprise.

La gestion recouvre essentiellement les activités qui ont trait au sous-système de pilotage (SP).

L'informatique est une technologie permettant d'automatiser des parties du système d'information (SI) comme a pu l'être la mécanographie par le passé et comme il y en aura probablement d'autres dans le futur.

Figure 11 - Entreprise système

Sous sa forme la plus générale, le système d'information de l'entreprise est constitué de personnes (processeurs humains) et de documents que les processeurs humains interprètent. Les tâches répétitives ou de peu de valeur ajoutée relèvent de l'automatisme et peuvent être réalisées par des machines.

En fonction de sa typologie, l'entreprise va s'appuyer sur les technologies de l'information (TI ou IT en anglais) pour automatiser tout ou partie de son système d'information (SI) et donner naissance à un sous-système dénommé usuellement système d'information informatisé (SII).

Les logiciels de gestion sont des éléments d'automatisation du système d'information de l'entreprise.

Le système d'information informatisé (SII) apporte des gains de productivité dans le traitement de données, facilite la prise de décision en fournissant de l'information pertinente et est une source de connaissances précieuses en de nombreuses situations.

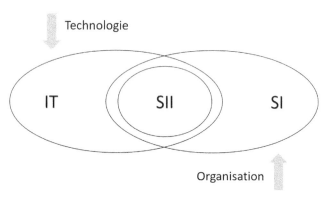

Figure 12 - Système d'information informatisé (SII)

1.8.1   Informatique de gestion

Nous proposons, ci-après, une définition de l'informatique de gestion extraite d'un article que nous avons publié en 2003.

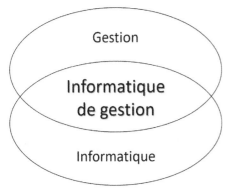

L'informatique de gestion recouvre les connaissances et compétences qui se trouvent à l'intersection des disciplines de l'informatique et de la gestion.

*Mais quelle est la signification ou la portée des termes que sont l'informatique d'une part et la **gestion** d'autre part.*

Le terme « informatique » est un néologisme construit à partir des mots « information » et « automatique » par P. Dreyfus en 1962. Il s'agit donc d'une discipline qui concerne le traitement automatique de l'information. La définition acceptée par l'Académie Française est la suivante : "science du traitement rationnel, notamment par machines automatiques, de l'information considérée comme le support des connaissances humaines et des communications dans les domaines techniques, économiques et sociaux".

Le terme de « gestion » signifie : Action d'administrer, d'assurer la rentabilité (d'une entreprise) ; ou : Action de gérer (les affaires d'un autre, et par extension ses propres affaires) et « gérer » est défini comme : Administrer (les intérêts, les affaires d'un autre).

A partir des éléments ci-dessus, nous proposons la définition suivante de l'informatique de gestion :

> ***L'informatique de gestion est la discipline du traitement de l'information utile et nécessaire à automatiser tout ou partie de l'administration des intérêts ou des affaires des entreprises[10].***

La définition ci-dessus implique que l'informatique est au service de la gestion et non l'inverse ; pour reprendre une phrase de Jean-Pierre Gindroz, ancien directeur général du CPLN[11] : « L'informatique doit couler dans le sillon de la gestion et non l'inverse ».

1.8.2   Règle de gestion

Une règle de gestion est une contrainte qui s'applique à une action, à une activité ou encore à un processus de l'entreprise.
Une règle de gestion peut provenir de l'environnement ou être énoncée par l'entreprise.
Une règle de gestion peut s'appliquer aux sous-systèmes opérant, de pilotage ou d'information.
Si une règle de gestion s'applique à un élément du système d'information informatisé (SII), elle doit être transformée en une contrainte[12] concrète, sous sa forme informatisée, au sein dudit SII.
Une règle de gestion est aussi nommée règle métier ; la règle métier a une connotation plus orientée sous-système opérant[13] mais, de prime abord, nous pouvons considérer les deux termes comme identiques.

---

[10] La notion d'entreprise peut être étendue aux individus et aux organismes au sens large.
[11] Centre professionnel du Littoral neuchâtelois à Neuchâtel. Le CPLN est l'un des centre de formation professionnelle du canton de Neuchâtel.
[12] Contrainte au sens très large qui peut être simplement le type et la taille d'un attribut.
[13] Une règle impactant le sous-système opérant directement ou par l'intermédiaire de l'un ou l'autre des deux sous-systèmes de pilotage ou d'information.

2   La démarche

2.1   *Méthode*

La modélisation des données doit s'inscrire dans une démarche méthodologique permettant d'offrir aux utilisateurs[14] les services attendus en garantissant la fiabilité des traitements et la pérennité des données.

De nombreuses méthodes ont été proposées au fil du temps pour satisfaire aux critères de qualité que sont :

- la fiabilité des traitements;
- la pérennité des données.

S'agissant de la pérennité des données qui est concernée essentiellement par mon premier livre [PAS-1] et, comme nous l'avons évoqué précédemment, il est indispensable de les recenser et de les représenter au travers de modèles de données. Pour ce faire, nous nous appuierons, de manière complémentaire, sur deux éléments méthodologiques reconnus :

- Les modèles de cas d'utilisation prônés par la méthode UP (Unified Process) pour affiner la réflexion de choix des cardinalités minimales des associations.
- Les maquettes d'interface utilisateurs qui sont utilisées pour valider un modèle de données auprès des utilisateurs en mettant l'accent non pas sur les aspects techniques du modèle mais sur ce que le modèle représente en termes d'opportunités et de contraintes de traitement[15] des données.

2.2   *Modélisation*

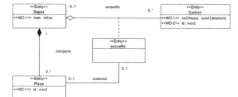

La modélisation va nous permettre de mettre en forme le recensement des données et de pallier à l'immatérialité des systèmes d'information informatisés en fournissant une représentation de la structure des données sous forme de modèles.

Figure 13 - Modèle

Les modèles sont des représentations d'une réalité exprimée selon un point de vue.

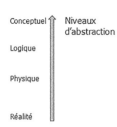

Figure 14 - Axe d'abstraction

Les modèles de données représentent plus ou moins abstraitement la réalité.

Au niveau le plus abstrait, nous avons un modèle que nous nommons **conceptuel** (MCD). Comme son nom l'indique, il s'attache aux concepts. En reprenant notre exemple de rangement de logement, nous décidons qu'il faut un espace de rangement pour les chaussettes et un autre pour les pulls.

Ensuite, nous trouvons un modèle que nous nommons **logique** (MLD). Il définit une architecture ou une technologie d'enregistrement des données. En reprenant notre exemple, ce serait un tiroir de commode pour les chaussettes et un espace d'armoire pour les pulls. Actuellement, en informatique de gestion, l'architecture usuelle est celle des bases de données relationnelles (MLD-R) mais il en existe d'autres comme les bases de données orientées objet, les bases de données XML[16] ou le recours à de simples fichiers.

---

[14] Utilisateurs des fonctionnalités du système d'information informatisé.
[15] Traitement au sens large incluant l'acquisition, le stockage, la restitution en plus du traitement de calcul.
[16] XML : eXtensible Markup Language

Et enfin, il y a un modèle que nous nommons **physique** (MPD). Il s'attache aux contingences de réalisation liées souvent à un constructeur particulier. En reprenant notre exemple, ce serait les détails de fabrication (dimensions, matériaux, couleurs...) de notre commode ou de notre armoire.

2.3 *Transformation de modèles*

Seul le modèle conceptuel est conçu par le modélisateur à partir des règles métier.

Les modèles de niveaux inférieurs sont obtenus par transformation. Toutefois, ils peuvent être enrichis en tirant parti de leurs niveaux d'abstraction moins abstraite.

Le modèle logique est obtenu par transformation du modèle conceptuel. L'enrichissement peut consister, par exemple, à ajouter des colonnes d'audit et des tables de journalisation.

Le modèle physique est obtenu par transformation du modèle logique. L'enrichissement peut consister, par exemple, à ajouter des index de performances.

Le modèle physique est le dernier niveau de modélisation. Ce modèle physique est à son tour transformé en commandes SQL qui permettent de passer des modèles à la réalité d'une base de données.

2.4 *Maquettes*

Figure 15 - Maquette d'un formulaire de saisie

Les modèles et surtout le MCD sont des représentations relativement abstraites de la réalité. Souvent le monde de la gestion ne peut valider le contenu d'un MCD qui nécessite de maîtriser la technique de représentation sous-jacente; il est alors courant, utile et souhaitable de recourir à des maquettes où la structure de données abstraite est transformée en simulation de formulaires mettant en scène des données plausibles. Ces maquettes sont alors des éléments relativement concrets sur la base desquels le monde de la gestion peut valider indirectement les modèles réalisés. Il est impératif que la correspondance entre maquettes et modèles soit assurée pour que la validation des maquettes implique la validation des modèles.

Les maquettes peuvent se présenter sous différentes formes : ce peut être des croquis, des dessins, le résultat d'outils de maquettage comme ci-contre ou des interfaces informatiques amputées de leur dimension dynamique.

2.5 *UML*

UML est un langage de modélisation.

C'est actuellement un des seuls langages de modélisation qui n'est pas propre à une technologie ou à un constructeur.

Figure 16 - UML

UML permet de représenter :
- les besoins des utilisateurs ;
- les aspects dynamiques d'un système d'information ;

- l'aspect statique d'un système d'information.

UML est extensible grâce aux mécanismes suivants :
- les stéréotypes ;
- les valeurs marquées ;
- les contraintes.

Une utilisation particulière d'UML peut être guidée et contrôlée grâce au mécanisme de profil.

Depuis UML 2, les stéréotypes et valeurs marquées ne sont disponibles qu'au travers d'un profil.

3 Les modèles

3.1 *Modèle conceptuel de données (MCD)*

3.1.1 Historique

Dans le monde francophone, le MCD a été proposé par H. Tardieu et consorts au milieu des années 1970 en tant qu'élément de la méthode Merise issue du courant systémique.

Un modèle équivalent a été proposé à la même époque dans le monde anglo-saxon ; il s'agit du modèle Entity-Relationship de Chen.

Le MCD tel que nous le présentons ici s'attache à la structure statique du système d'information et est implanté, en fin de démarche d'informatisation, par un système de gestion de base de données[17]. Dans l'approche de développement de l'aspect dynamique du SII basée sur la technologie orientée objet, il est préconisé[18] de réaliser un modèle des objets métier dit **modèle du domaine**. Le modèle du domaine est proche du MCD mais il n'est qu'une translation au sein de la partie dynamique (Point ① de la Figure 4) des données de la partie statique (Point ② de la Figure 4).

3.1.2 Bases

Un MCD est conçu à partir des éléments suivants :

- ① Les entités qui représentent des conteneurs de données.
- ② Les associations qui représentent des conteneurs de liens entre données.
- ③ Les cardinalités qui fixent les modalités de réalisation des liens entre données.
- ④ Les attributs d'entités ou d'associations[19] qui représentent des conteneurs de données élémentaires.

Figure 17 -
Bases du MCD

 Les entités sont des conteneurs de données agrégées ; les attributs en sont les différentes parties ou éléments. Lorsque l'on analyse des données et que l'on recherche la nature d'une donnée, il y a toujours besoin de se référer au contexte pour savoir s'il s'agit d'une entité ou d'un attribut.

Dans ce livre, les entités sont représentées sous forme de classes du modèle de classe d'UML. Nous mettons le stéréotype **«Entity»** sur la classe UML pour lui donner son caractère d'entité du modèle conceptuel de données.

---

[17] Ou, exceptionnellement, en recourant à de simples fichiers.
[18] Entre autres par la méthode UP de Booch, Rumbaugh et Jacobson.
[19] Au travers d'entités associatives.

3.2 *Modèle logique de données relationnel (MLD-R)*

 Le terme *logique* de MLD-R fixe le niveau d'abstraction ou de réflexion.
Le terme *relationnel* de MLD-R fixe la technologie retenue pour réaliser la persistance des données [Chapitre 2.2].

3.2.1 Historique du modèle relationnel

Le concept de modèle relationnel a été présenté par E.F. Codd en 1970.

 Historiquement, le terme *relationnel* s'appliquait à la notion de structure tabulaire ; il mettait en évidence les relations existantes entre les colonnes d'une table.

Afin d'éviter toute erreur d'interprétation, dans la suite de ce livre, le terme de *table* sera utilisé en lieu et place de relation et le terme *relation* sera réservé aux "liens" entre tables.

Le méta modèle s'inspire de la notion mathématique de relation ; il est basé sur deux aspects fondamentaux :

- Aspect statique Une démarche de conception permettant de définir une collection de relations couramment nommée : *Modèle logique de données relationnel*.

- Aspect dynamique Une algèbre permettant de manipuler des tables ou relations.

  Cette algèbre est supportée par le langage SQL.

3.2.2   Bases du modèle logique de données relationnel

Un MLD-R est conçu à partir des éléments suivants :

- ① Les tables qui représentent des conteneurs de données.
- ② Les colonnes de tables qui représentent des conteneurs de données élémentaires.
    - **«PK»** Les colonnes de clés primaires.
    - **«FK-i»** Les colonnes de clés étrangères de la contrainte de même indice i.
- ③ Les contraintes qui assurent la consistance des données.
    - **«PK»** Les contraintes de clés primaires qui permettent d'identifier sans ambiguïté toute ligne de table.
    - **«FK-i»** Les contraintes de clés étrangères qui réalisent les relations entre tables.
    - **«U»** Les contraintes d'unicité.
- ④ Une représentation graphique des contraintes de clé étrangère (relations entre tables).

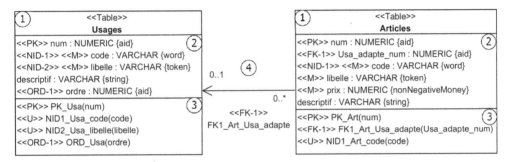

Figure 18 - Bases du MLD-R

Pour que la représentation du modèle logique de données relationnel, sous forme de diagramme, soit complète, nous ajoutons un lien graphique orienté entre table(s) ④ pour montrer la cible, côté flèche, d'une contrainte de clé étrangère[20].

Les tables sont des conteneurs de données agrégées ; les colonnes en sont les différentes parties ou éléments.

Dans ce livre, les tables du modèle logique sont représentées sous forme de classes du modèle de classe d'UML. Nous mettons le stéréotype **«Table»** sur la classe UML pour lui donner son caractère de table du modèle logique de données relationnel.

---

[20] La cible est la clé primaire de la table référencée.

3.3 *Modèle physique de données relationnel (MPDR)*

Comme nous l'avons vu au chapitre 2.2, le modèle physique de données relationnel (MPDR) s'attache aux contingences de réalisation.

Classiquement, les contingences de réalisation sont liées à un constructeur (Oracle ou autre) et éventuellement à une version de base de données (pour Oracle, Oracle Database 11g ou autre). Par exemple, nous trouverons des types de données propres à un constructeur ou une instanciation de valeur de colonnes de clés primaires propre à un constructeur ou une version de base de données. Parmi ces contingences classiques, nous trouvons tous les paramètres ou réglages d'optimisation de fonctionnement d'un système de gestion de base de données relationnelle (SGBD-R). Je ne traiterai pas ou peu les paramètres ou réglages d'optimisation, car de nombreux livres spécialisés existent.

Toutefois, les modèles physiques de données relationnels classiques ne couvrent pas tout le spectre des spécifications que le modélisateur souhaiterait implanter. Pour améliorer cette couverture, Oracle, au sein de son outil CASE Designer des années 2000, avait mis en place un concept fort intéressant : les APIs de tables ou Tables APIs (TAPIs) en anglais.

Les APIs de tables peuvent être déployés au sein de tout système de gestion de base de données pour autant que celui-ci supporte :

-   des procédures ou fonctions stockées ;
-   des déclencheurs ou triggers.

Les déclencheurs interceptent les ordres de manipulation de données et invoquent les procédures ou fonctions d'extension des spécifications.

3.3.1 Bases du modèle physique de données classique

Un MPD-R classique est conçu à partir des éléments suivants :

- ① Les tables qui représentent des conteneurs de données.
- ② Les colonnes de tables qui représentent des conteneurs de données élémentaires.
  - **«PK»** Les colonnes de clés primaires.
  - **«FK-i»** Les colonnes de clés étrangères de la contrainte de même indice i.
- ③ Les contraintes qui assurent la consistance des données.
  - **«PK»** Les contraintes de clés primaires qui permettent d'identifier sans ambiguïté toute ligne de table.
  - **«FK-i»** Les contraintes de clés étrangères qui réalisent les relations entre tables.
  - **«IDX»** Les index qui optimisent les jointures entre tables, les recherches ou encore les tris.
  - **«U»** Les contraintes d'unicité.
  - **«CHK»** Les assertions qui sont des expressions qui doivent toujours être valides ou vraies.
- ④ Une représentation graphique des contraintes de clé étrangère (relations entre tables).

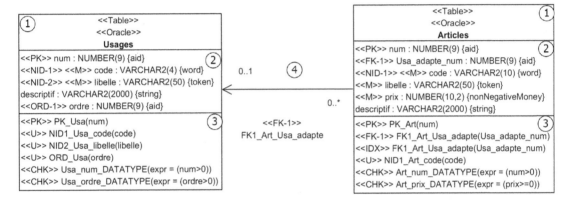

Figure 19 – Bases du MPDR classique (Oracle)

Le modèle physique de données classique reprend les éléments du modèle logique en intégrant les spécificités du constructeur ou d'une version de base de données.

Pour que la représentation du modèle physique de données relationnel, sous forme de diagramme, soit complète, nous ajoutons un lien graphique orienté entre table(s) ④ pour montrer la cible, côté flèche, d'une contrainte de clé étrangère[21].

Les tables sont des conteneurs de données agrégées ; les colonnes en sont les différentes parties ou éléments.

Dans ce livre, les tables du modèle physique sont représentées sous forme de classes du modèle de classe d'UML. Nous mettons les stéréotypes **«Table»** et **«Oracle»** sur la classe UML pour lui donner son caractère de table du modèle physique de données relationnel pour Oracle[22].

---

[21] La cible est la clé primaire de la table référencée.
[22] Pour d'autres constructeurs ou produits, il y aura d'autres stéréotypes comme **«MySQL»** ou **«MSServer»**.

3.3.2   Bases des APIs de tables

Pour une table du modèle physique de données ①, son API est représentée par un paquetage[23] ② stéréotypé **«TAPIS»**.

Un paquetage d'API de table contient les éléments suivants :

-    ③ Un conteneur de déclencheurs stéréotypé **«Triggers»**.
-    ④ Un conteneur de packages (procédures ou fonctions stockées) stéréotypé **«Packages»**.
-    ⑤ Une séquence d'instanciation de valeur de clé primaire si elle est requise par le constructeur ou la version de base de données stéréotypée **«Sequence»**.

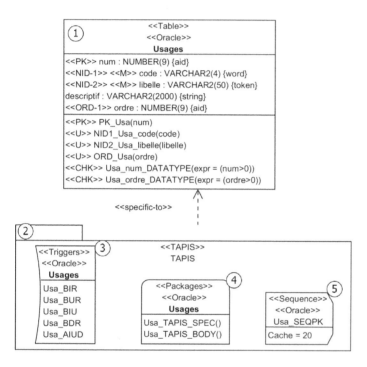

Figure 20 - Bases des APIs de tables

---

[23] Paquetage selon la terminologie UML.

3.4   *Modèle physique de données relationnel Oracle (MPDR-Oracle)*

Le terme *physique* de MPDR-Oracle fixe le niveau d'abstraction ou de réflexion.
Le terme *relationnel* de MPDR-Oracle fixe la technologie retenue pour réaliser la persistance des données [Chapitre 2.2].
Le terme *Oracle* de MPDR-Oracle fixe le constructeur ou produit de base de données relationnelle retenu pour réaliser la persistance des données [Chapitre 2.2].

3.4.1   Historique des bases de données relationnelles Oracle

[Tiré de OP et ODB] Oracle Corporation a été cofondée aux Etats-Unis en 1979 par Larry Ellison.
Ellison a été inspiré par le papier[24] de E.F. Codd sur les systèmes de gestion de bases de données (SGBD) nommé "A Relational Model of Data for Large Shared Data Banks".
En 1979, Oracle V2 a été un des premiers SGBD-R commercialisé supportant SQL.
En 1985, Oracle V5 supporte le mode client/serveur[25].
En 1986, Oracle V6 supporte le langage PL/SQL[26].
Jusqu'à ce jour de nombreuses versions offrant toujours plus de services ont été mises sur le marché. Je ne les présente pas car, depuis la V6, les déclencheurs[27] et procédures stockées permettent de créer les APIs de tables.

3.4.2   Bases du modèle physique de données relationnel Oracle

Un MPDR-Oracle est réalisé sous forme de deux parties :

- un modèle physique relationnel classique [Chapitre 3.3.1] intégrant les spécificités du constructeur Oracle ou d'une version de base de données ;
- des APIs de tables [Chapitre 3.3.2] basés sur des conteneurs de déclencheurs Oracle et des conteneurs de paquetages PL/SQL.

---

[24] Ce papier est le fondement du modèle relationnel évoqué au chapitre 3.2.1.
[25] Par l'intermédiaire d'une requête SQL, un client envoie une requête au serveur (SGBD-R) Oracle. Le serveur exécute la requête et enoive le résultat au client.
[26] Langage de programmation procédural compilé au sein d'une base de données Oracle. PL/SQL est un langage procédural et structuré qui tire ses fondements de Pascal et Ada.
[27] Triggers en anglais.

3.5   *Les transformations*

3.5.1   Transformation du MCD en un MLD-R

La transformation d'un modèle conceptuel de données en un modèle logique relationnel obéit à 3 règles de base :
1.   Toute entité concrète[28] devient une table.
2.   Toute association de degré 1:1 ou 1:n devient une contrainte de clé étrangère.
3.   Toute association de degré n:n devient une table associative.

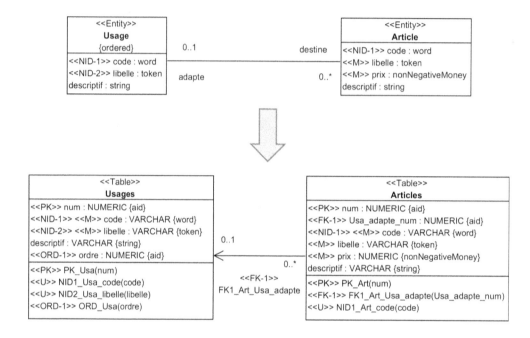

Figure 21 - Transformation du MCD en un MLD-R

---

[28] Seule la pseudo entité associative [Chapitre 22.3] n'est pas concrète.

3.5.2 Transformation du MLD-R en un MPD-R

La transformation d'un modèle logique de données relationnel en un modèle physique de données consiste en deux parties essentielles :

- Adapter les spécifications du modèle relationnel normalisé aux particularités du constructeur ou de la version de la base de données cible.
- Ajouter des déclencheurs et procédures stockées pour étendre les services du modèle relationnel normalisé.

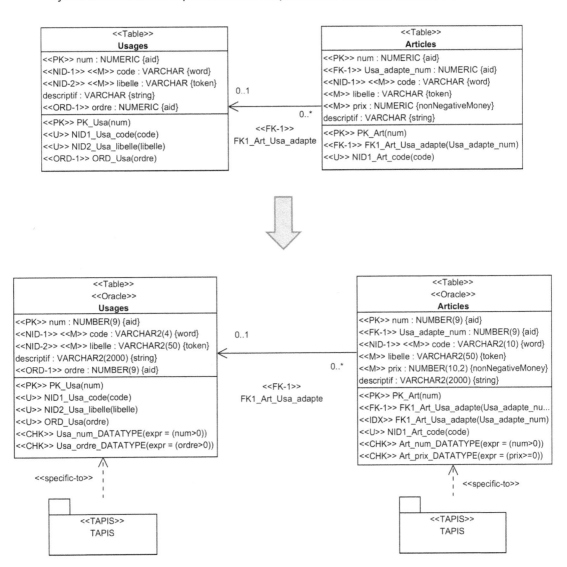

Figure 22 - Transformation du MLD-R en un MPDR-Oracle

3.5.3   Transformation du modèle physique en commandes SQL

La transformation d'un modèle physique relationnel de données en commandes SQL consiste à créer un ou plusieurs scripts SQL-DDL de consolidation d'un schéma de base de données à partir du MPD-R. Ces scripts seront exécutés au sein de la base de données cible de la consolidation.

Ces scripts contiendront trois sortes de commandes :

-    **CREATE** pour ajouter de nouveaux objets dans le schéma de base de données.
-    **ALTER** pour modifier des objets existants dans le schéma de base de données.
-    **DROP** pour supprimer des objets du schéma de base de données.

<<Table>>
<<Oracle>>
Articles
<<PK>> num : NUMBER(9) {aid}
<<FK-1>> Usa_adapte_num : NUMBER(9) {aid}
<<NID-1>> <<M>> code : VARCHAR2(10) {word}
<<M>> libelle : VARCHAR2(50) {token}
<<M>> prix : NUMBER(10,2) {nonNegativeMoney}
descriptif : VARCHAR2(2000) {string}
<<PK>> PK_Art(num)
<<FK-1>> FK1_Art_Usa_adapte(Usa_adapte_num)
<<IDX>> FK1_Art_Usa_adapte(Usa_adapte_num)
<<U>> NID1_Art_code(code)
<<CHK>> Art_num_DATATYPE(expr = (num>0))
<<CHK>> Art_prix_DATATYPE(expr = (prix>=0))

```
CREATE TABLE Articles (
  num             number(9) NOT NULL,
  Usa_adapte_num  number(9),
  code            varchar2(10) NOT NULL,
  libelle         varchar2(50) NOT NULL,
  prix            number(10,2) NOT NULL,
  descriptif      varchar2(2000),
  CONSTRAINT PK_Art
    PRIMARY KEY (num),
  CONSTRAINT NID1_Art_code
    UNIQUE (code),
  CONSTRAINT Art_num_DATATYPE
    CHECK ((num>0)),
  CONSTRAINT Art_prix_DATATYPE
    CHECK ((prix>=0)));
CREATE INDEX FK1_Art_Usa_adapte
  ON Articles (Usa_adapte_num);

ALTER TABLE Articles ADD CONSTRAINT FK_Art_Usa_adapte
FOREIGN KEY (Usa_adapte_num) REFERENCES Usages (num);
```

Figure 23 – Transformation du MPD-R en commandes SQL

Bases du modèle physique de données relationnel Oracle classique

De nombreuses réflexions ne sont pas liées à un constructeur ou à une version de base de données. Dans ces cas généraux, je fais référence au modèle physique de données relationnel (MPD-R).
Lorsque la réflexion a trait au constructeur Oracle, je fais référence au modèle physique de données relationnel Oracle (MPDR-Oracle).

4   Référence au modèle logique relationnel

Les concepts du modèle physique de données relationnel classique relèvent du modèle de données relationnel. Je ne les présente pas dans ce livre et prie le lecteur de se référer à mon livre *Modèle logique de données relationnel* [PAS-2] et plus particulièrement à la partie *Modèle logique de données relationnel*.

Dans le livre [PAS-2], les modèles de données logiques relationnels sont représentés sous forme de diagrammes de classe UML.

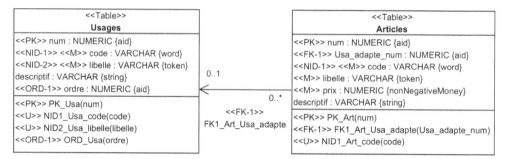

Figure 24 – Modèle logique relationnel sous forme de classes UML

Pour les modèles physiques de ce livre, je m'appuie sur la même représentation et prie le lecteur de se référer au livre [PAS-2] pour une étude complète ou à l'annexe A de ce livre pour un récapitulatif des stéréotypes et des contraintes UML.

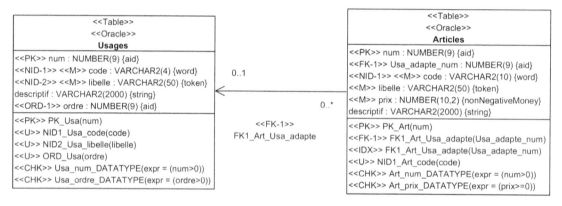

Figure 25 - Modèle physique relationnel sous forme de classes UML

Les deux modèles, ci-dessus, se différencient essentiellement par :

- Les types de données propres au constructeur dans le modèle physique.
- L'apparition dans le modèle physique de contraintes qui relèvent de préoccupations propres à un constructeur ou à une version de produit.

En général, les stéréotypes et contraintes du modèle logique [PAS-2] sont repris dans le modèle physique, mais de nombreuses exceptions seront vues dans la suite du livre.

5   Table, colonnes et contraintes

Les concepts de table, colonnes et contraintes sont repris du livre [PAS-2] comme déjà indiqué.
Les index sont propres au modèle physique. Ils sont représentés au sein de la zone des contraintes mais ils ne contraignent pas les données. Les index servent à optimiser les requêtes.

5.1   *Représentation*

Tout comme pour le modèle logique, les tables sont représentées sous forme d'un rectangle séparé en 3 parties :
- La partie du haut contient le nom de la table.
  Le premier stéréotype **«Table»** indique que la classe UML est considérée comme une table.
  Le deuxième stéréotype **«Oracle»** indique que la table est spécifique au constructeur Oracle.
- La partie centrale contient les colonnes de la table. La table est un espace de nommage pour les colonnes ; un même nom peut être utilisé au sein de différentes tables.
- La partie du bas contient les contraintes de la table. La table n'est pas toujours un espace de nommage pour les contraintes. Nous ajoutons le nom court de la table à chaque contrainte.

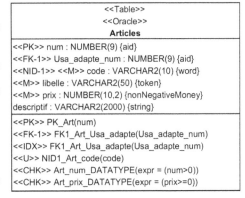

Figure 26 - Table Articles

5.2   *Colonnes*

5.2.1   **Types de données**

Pour ce livre, j'ai retenu les types de données ci-dessous du constructeur Oracle.

Type	Nature	Valeurs autorisées
VARCHAR2(1)	Simulation de valeur logique	'Y' pour vrai et 'N' pour faux
VARCHAR2	Textuelle	Chaîne de caractères contenant des caractères imprimables et de contrôle
NUMBER	Numérique	Ensemble $\mathbb{D}$ (nombre décimal)
TIMESTAMP DATE	Temporelle	Date et heure

Tableau 1 - Types de données retenus pour le modèle physique relationnel Oracle

Un double point sépare le nom de colonne de son type.

Le seul type de données n'est pas toujours suffisant :
- Si le type de données est de *nature textuelle*, il y a lieu d'indiquer la taille maximale de la chaîne de caractères en nombre de caractères.
- Si le type de données est de *nature numérique*, il y a lieu d'indiquer la précision en nombre de chiffres[29] et, si nécessaire, la taille maximale de la partie décimale en nombre de chiffres.

Si nécessaire, la taille est indiquée entre parenthèse après le type.

---

[29] Les signes + ou – peuvent être ajoutés devant toute suite de chiffres et n'interviennent pas dans le comptage de la précision.

5.2.1.1   Contrainte UML de spécialisation des types de données

Les types de données du constructeur peuvent être affinés ou spécialisés par une contrainte UML.

Les différentes contraintes UML de spécialisation de types de données sont décrites dans mon livre *Modèle conceptuel de données* [PAS-1]. L'annexe B en liste les principales.
La contrainte **{aid}** s'applique aux clés primaires et par transitivité aux clé étrangères. Elle est implantée sous forme d'un entier positif pour ce livre **{positiveInteger}**.

 Ces contraintes enrichissent la représentation graphique du modèle et, par là, son interprétation humaine ou automatique. Il est tout à fait possible de réaliser un modèle physique de données sans recourir aux contraintes UML de spécialisation mais, avec une perte de sémantique.

5.2.2   Stéréotypes

Les colonnes de clé primaire sont stéréotypées **«PK»**.
Les colonnes de clé étrangère sont stéréotypées **«FK-i»**.
Les colonnes de clé secondaire unique et non nulle sont stéréotypées **«NID-i»**.
Les colonnes obligatoires sont stéréotypées **«M»**.

Le Tableau 4 de l'annexe A liste les différents stéréotypes de colonnes repris du modèle logique de données relationnel.

5.2.3   Valeur par défaut

Le signe égal après le type de donnée d'une colonne ① annonce l'expression de valeur par défaut.

 La valeur par défaut *'N'* de la colonne express correspond à la valeur logique ou booléenne *Faux* conformément au Tableau 1.

<<Table>>
<<Oracle>>
Commandes
<<PK>> num : NUMBER(9) {aid} <<FK-1>> <<M>> Cli_passe_num : NUMBER(9) {aid} <<M>> dateReception : DATE {frozen, date} <<M>> express : VARCHAR2(1) {boolean} = 'N'   ① montantRetenu : NUMBER(10,2) {nonNegativeMoney} dateGelee : DATE {date}
<<PK>> PK_Com(num) <<FK-1>> FK1_Com_Cli_passe(Cli_passe_num) {frozen} <<IDX>> FK1_Com_Cli_passe(Cli_passe_num) <<CHK>> Com_num_DATATYPE(expr = (num>0)) <<CHK>> Com_express_DATATYPE(expr = (express = 'Y') OR (express = 'N')) <<CHK>> Com_montantRetenu_DATATYPE(expr = (montantRetenu>=0))

Figure 27 - Table Commandes

5.3 *Contraintes de table*

Les contraintes de clé primaire sont stéréotypées **«PK»**.
Les contraintes de clé étrangères sont stéréotypées **«FK-i»**. i est incrémenté pour chaque nouvelle contrainte de clé étrangère.
Les contraintes d'unicité sont stéréotypées **«U»**.
Les contraintes d'assertion sont stéréotypées **«CHK»**.
Les index de performance sont stéréotypées **«IDK»**. Ils sont propres au modèle physique et participent à l'optimisation de l'accès aux données. Dans ce livre, nous les utiliserons en tant qu'index de performance des clés étrangères afin d'optimiser les jointures entre tables.

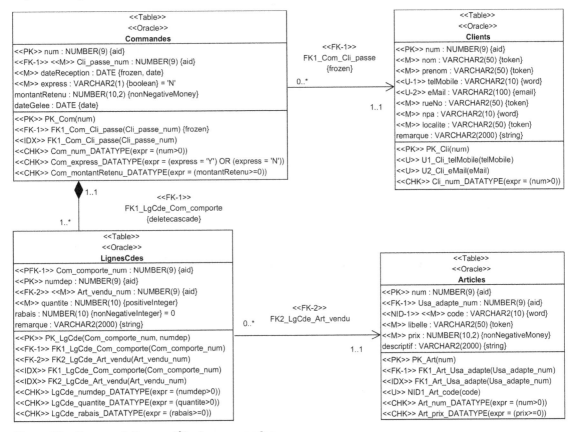

Figure 28 – Fragment d'un modèle de commandes

La contrainte d'assertion reçoit l'expression d'assertion comme valeur du paramètre *expr*. Toutes les autres contraintes reçoivent en paramètre les colonnes constitutives.
Les index de performance des contraintes de clé étrangère reprennent le nom et les colonnes de la contrainte de clé étrangère.

 Dans un souci de faciliter de lecture des exemples, j'ai modélisé une table Clients. Une telle table doit être remplacée par une table Acteurs ou Intervenants si le modèle doit être généralisé. Un client est alors un acteur ou un intervenant qui passe une commande et un fournisseur un acteur ou un intervenant à qui l'on passe une commande. En conséquence, la table Commandes devrait être nommée CommandesClients ou autre afin de pouvoir créer une table CommandesFournisseurs.

6 Relation

6.1 *Représentation de la contrainte de clé étrangère*

L'opération UML qui permet de spécifier une contrainte de clé étrangère dans la table source ① ne se suffit pas à elle-même. Il faut ajouter une association UML qui référence la table cible ou parent. La table de référence est mise en évidence par le symbole UML de navigation, une flèche ②.

La ou les colonnes paramètres de la contrainte de clé étrangère ① référent aux colonnes de la contrainte de clé primaire ③ de la table cible ou parent.

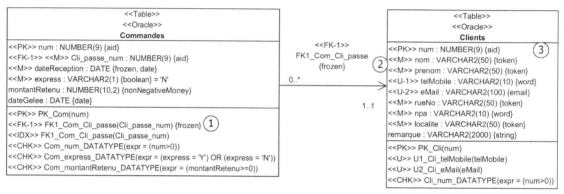

Figure 29 - Relation entre Clients et Commandes

6.2 *Relation identifiante primaire*

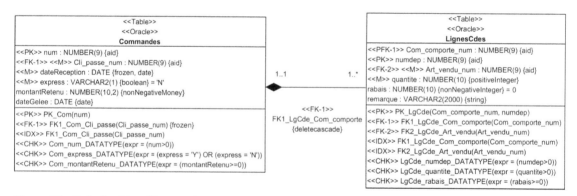

Figure 30 - Relation identifiante primaire

Pour une relation identifiante primaire, la référence de la table cible ou parent de l'association UML est montrée par le diamant noir.

Souvent, la suppression de la référence parent implique la suppression de tous les enregistrements de la table enfant.

Si elle est nécessaire, cette suppression en cascade est spécifiée par la contrainte UML **{deletecascade}**.

7   Vue

Une vue est le résultat de l'interrogation, par la commande **SELECT** du langage SQL-DML, d'une ou plusieurs tables.

 J'utilise la représentation native de Visual Paradigm pour représenter les vues comme illustré ci-contre.

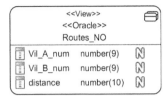

Figure 31 - Vue

```
CREATE OR REPLACE VIEW Routes_NO AS
SELECT Vil_A_num, Vil_B_num, distance FROM Routes
UNION
SELECT Vil_B_num, Vil_A_num, distance FROM Routes
END;
```

Figure 32 – Commandes SQL-DML de création d'une vue

J'utilise des vues avec les APIs de tables pour la transformation de contraintes comme **{nonoriented}** ou **{gs}** du modèle logique de données [PAS-2].

 La raison d'être de la vue Routes_NO est expliquée au chapitre 20.5.7.

APIs de tables

Le concept des APIs de table est applicable à tout constructeur de base de données. La réalisation des APIs de tables de ce livre est propre au constructeur Oracle.

Les services des APIs de tables que je présente dans une vision pédagogique ne sont pas finalisés pour une utilisation industrielle. Ils peuvent être étendus à la libre appréciation de tout concepteur.

8   Objectifs

Un modèle physique de données relationnel classique permet de spécifier de nombreuses contraintes au niveau des colonnes ou des tables. Toutefois, même si ces spécifications sont relativement complètes selon l'implantation de la norme SQL par le constructeur ou le produit, il arrive toujours un moment où il est nécessaire de recourir à du code pour implanter une spécification particulière. Cet enrichissement, par du code, soulève deux problèmes importants :

- Si le code est écrit au sein de la couche applicative, comment garantir que tous les éléments applicatifs qui manipulent des données contiennent cet enrichissement (R_i) et qu'il est correctement écrit.
  Dans ce cas, le risque est grand d'avoir des redondances de code.

Figure 33 - Règle Ri codée au sein de chaque application

- Si le code est écrit au sein de la base de données, le risque de redondance est réduit. Toutefois, il faut encore garantir que cet enrichissement est bien appelé à chaque manipulation de données.

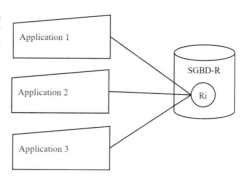

Figure 34 - Règle Ri codée au sein de la base de données

Pour enrichir nos spécifications par du code, tout en évitant les problèmes de redondance et de garantie d'appel, je me suis inspiré du concept d'APIs de tables ou TAPIs (abrégé en anglais) mis en place par Oracle au sein de son outil CASE Designer.

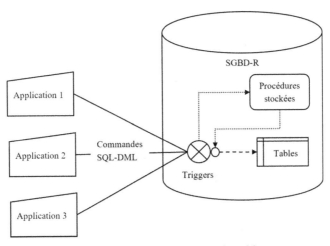

Figure 35 - Principe des APIs de tables

Les TAPIs peuvent être mises en place au sein de n'importe quelle base de données relationnelle, pour autant que celle-ci supporte :

- des procédures ou fonctions stockées ;
- des déclencheurs ou triggers.

Les procédures ou fonctions stockées au sein de la base de données réalisent l'enrichissement sans redondance.
Les déclencheurs garantissent l'appel à l'enrichissement. Ils interceptent les commandes de manipulation de données et invoquent les procédures ou fonctions stockées[30].

Le recours aux APIs de table est nécessaire pour implanter des règles particulières.
Ces règles particulières ne relèvent pas nécessairement de règles métiers compliquées, ce peut être la non modification d'une valeur de colonne, la mise en majuscule d'une colonne ou encore la journalisation d'une table.

---

[30] Le tandem déclencheurs et procédures stockées simulent le principe d'encapsulation de la programmation orientée objet.

9   Représentation

Visual Paradigm permet de modéliser des conteneurs de déclencheurs et des conteneurs de procédures stockées.

Nous utilisons un conteneur de déclencheurs ② et un conteneur de procédures stockées ③ par table ①.
Chaque table enrichie est dotée d'un paquetage qui implémente son API. Le caractère spécifique du paquetage est représenté par la relation de dépendance **specific_to** ④.
Le nom de chacun des 2 conteneurs est celui de la table. Il n'y a pas d'ambiguïté car il s'agit d'éléments de modélisation différents.

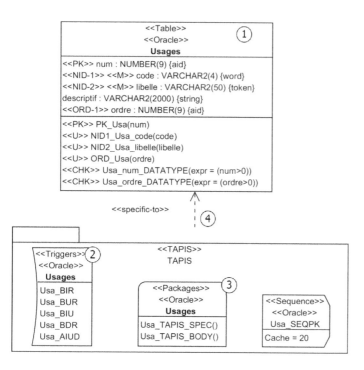

Figure 36 - APIs de tables (TAPIS)

Les noms de procédures (ou paquetages pour Oracle) et de déclencheurs sont préfixés d'un abrégé du nom de la table à laquelle ils réfèrent. Pour notre exemple, il s'agit de Usa pour la table Usages.

9.1 *Paquetage Oracle*

La base de données Oracle permet de créer des procédures, des fonctions ou des paquetages au niveau d'un schéma.

Les procédures et fonctions stockées au niveau d'un schéma offrent des services de portée générale. Pour disposer de procédures ou fonctions spécifiques à une table, il y a lieu de recourir aux paquetages.

Au sein des différents paquetages, nous aurons des procédures et fonctions de même nom, offrant des services identiques mais pour des tables spécifiques.

Les paquetages Oracle sont constitués de 2 parties :

- ① Une partie de spécification partagée qui contient les déclarations de procédures, fonctions et autres.

- ② Une partie privée qui contient le corps (body) des procédures et fonctions.

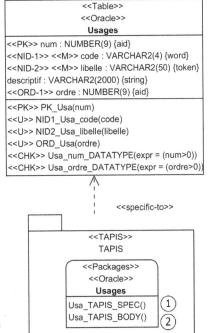

Figure 37 - Paquetage Oracle

10   Structuration

Les APIs de tables peuvent être déployées pour toutes les tables d'un schéma de base de données ou pour un ensemble limité de tables.

La structure des déclencheurs et des procédures stockées dépend fortement du constructeur ou du produit ciblé. Toutefois, une fois le constructeur ou le produit choisi, cette structure est identique pour chaque table.

Le code des déclencheurs et des procédures stockées est très vite volumineux et répété pour chaque table à enrichir. Ce double problème de volume et de répétition est favorable à l'utilisation d'un générateur de code. Le générateur de code utilise, en entrée, les spécifications du modèle logique de données relationnel (MLD-R) pour générer le modèle physique de TAPIs spécifique à un constructeur ou à un produit.

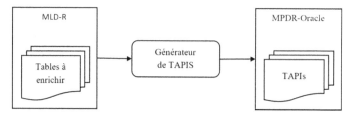

Figure 38 - Générateur d'APIs de tables (TAPIs)

 J'utilise un générateur personnel pour créer les TAPIs d'illustration de ce livre. Je me suis inspiré du code de l'outil CASE Designer d'Oracle et j'ai développé quelques services susceptibles de démontrer l'intérêt d'enrichir un modèle physique de données relationnel par des APIs de tables.
La structure des déclencheurs et des paquetages présentée ci-après est une image de l'état du générateur au moment de l'écriture de ce livre. Naturellement, cette structure est destinée à évoluer au gré du développement du générateur de TAPIs.

Je n'expliquerai pas l'entier des éléments structurels des TAPIs dans ce livre et me contenterai d'exposer les points que j'estime essentiels.
Je prévois de donner une explication plus complète dans le livre *Ingénierie des données* planifié pour 2020.

11 Paquetage

11.1 *Spécification*

Chaque paquetage d'API de table spécifie les procédures selon l'illustration ci-dessous.
Le paramètre **pio_crtrec** est alimenté par le tuple à ajouter ou les nouvelles valeurs d'un tuple à modifier.
Le paramètre **pio_oldrec** est alimenté par le tuple à supprimer ou les anciennes valeurs d'un tuple à modifier.
Le type Usages**%ROWTYPE** des 2 paramètres fait référence à la structure de données de la table Usages à enrichir.

```
CREATE OR REPLACE PACKAGE Usa_TAPIs
IS
  PROCEDURE autogen_column(
      pio_crtrec IN OUT Usages%ROWTYPE);
  PROCEDURE autogen_column_ins(
      pio_crtrec IN OUT Usages%ROWTYPE);
  PROCEDURE autogen_column_upd(
      pio_crtrec IN OUT Usages%ROWTYPE);
  PROCEDURE uppercase_column(
      pio_crtrec IN OUT Usages%ROWTYPE);
  PROCEDURE checktype_column(
      pio_crtrec IN OUT Usages%ROWTYPE);
  PROCEDURE column_PEA(
      pio_crtrec IN OUT Usages%ROWTYPE);
  PROCEDURE frozen_column(
      pio_newrec IN OUT Usages%ROWTYPE ,
      pio_oldrec IN OUT Usages%ROWTYPE);
  PROCEDURE tree_or_list_loop;
  PROCEDURE tree_or_list_onlyone;
TYPE type_Usages
IS
  TABLE OF Usages%ROWTYPE INDEX BY PLS_INTEGER;
  vg_Usages type_Usages;
  vg_insteadof_call BOOLEAN := FALSE;
END;
```

Figure 39 – Création de la spécification du paquetage Usa_TAPIs

La procédure **autogen_column_ins()** crée les valeurs de colonnes lors de l'ajout d'un tuple. Cette création de valeur, au niveau du SGBD-R est nécessaire pour alimenter :

- les valeurs par défaut ;
- les clés primaires ;
- les colonnes d'ordonnancement ;
- les colonnes d'audit en ajout ;
- les liens de programmation.

La procédure **autogen_column_upd()** crée les valeurs de colonnes lors de la modification d'un tuple. Cette création de valeur, au niveau du SGBD-R, est nécessaire pour alimenter les colonnes d'audit en modification.

La procédure **uppercase_column()** transforme en majuscule les valeurs de colonnes de type textuel.

La procédure **checktype_column()** vérifie la conformité des valeurs de colonnes aux types de données.

La procédure **frozen_column()** vérifie la non modification de valeur de colonnes.

11.2 *Code*

Nous ne ferons pas une étude exhaustive du code des procédures stockées. Nous nous focaliserons sur quelques aspects fondamentaux des APIs de tables.

11.2.1 **autogen_column_ins()**

Le calcul des valeurs de colonne de clé primaire de table indépendante est réalisé en recourant à une séquence.

```
IF pio_crtrec.num IS NULL THEN
  SELECT Usa_SEQPK.NEXTVAL INTO pio_crtrec.num FROM DUAL;
END IF;
```

Figure 40 – Création de valeur de colonne de clé primaire pour une table indépendante

Le calcul des valeurs de colonne d'ordonnancement est réalisé en comptant de 10 en 10 pour faciliter le déplacement d'un tuple.
Dans cette version initiale, les nouveaux tuples sont placés en fin de liste.

```
IF pio_crtrec.ordre IS NULL THEN
  SELECT NVL(MAX( ordre), 0) + 10 INTO pio_crtrec.ordre FROM Usages ;
END IF;
```

Figure 41 – Création de valeur de colonne d'ordonnancement

11.2.2   checktype_column()

Le type **word** de l'exemple ci-dessous est hérité du modèle conceptuel de données (MCD). Il spécifie une chaîne de caractères sans caractère de contrôle et sans espace.

```
    IF (INSTR( pio_crtrec.code , CHR(9)) > 0) OR (INSTR( pio_crtrec.code , CHR(10)) > 0) OR
(INSTR( pio_crtrec.code , CHR(13)) > 0) THEN
        raise_application_error(-20001,      'Table:     Usages     ,     Colonne:     code     ,
mpdr.constraint.mess.err.datatype.string , Les caractères de contrôle ne sont pas autorisés pour
une donnée de type: word');
    END IF;
    IF INSTR( pio_crtrec.code, '  ' ) > 0 THEN
        raise_application_error(-20001,      'Table:     Usages     ,     Colonne:     code     ,
mpdr.constraint.mess.err.datatype.token , Deux espaces contigus ou plus ne sont pas autorisés
pour une donnée de type: word');
    END IF;
    IF INSTR(pio_crtrec.code, ' ' ) > 0 THEN
        raise_application_error(-20001,      'Table:     Usages     ,     Colonne:     code     ,
mpdr.constraint.mess.err.datatype.word , Les espaces ne sont pas autorisés pour une donnée
de type: word');
    END IF;
```

Figure 42 – Création d'une valeur de colonne de type word

 Pour rappel, le code ci-dessus est créé par un générateur. Le générateur crée le code de contrôle de type en suivant la hiérarchie des types du MCD. En l'occurrence : **word** est un sous-type de **token** qui est un sous-type de **normalizedString**.
Comme indiqué en préambule, le code est encore sommaire.

12   Déclencheurs

12.1   *Organisation des conteneurs*

Chaque conteneur de triggers d'API de table comporte les déclencheurs suivants :

- **BEFORE INSERT ROW** (**_BIR**) qui se déclenche à chaque ajout d'un nouveau tuple.
- **BEFORE UPDATE ROW** (**_BUR**) qui se déclenche à chaque modification d'un tuple.
- **BEFORE DELETE ROW** (**_BDR**) qui se déclenche à chaque suppression de tuple.

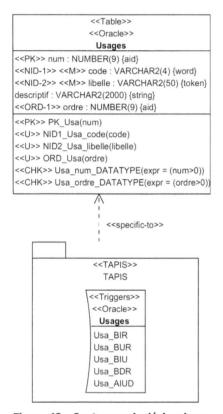

Figure 43 - Conteneur de déclencheurs

 Je ne commente pas les déclencheurs **_BIU** et **_AIUD** car ils ne sont pas utilisés pour ce livre.

12.2   *Avant insertion d'un tuple (BIR)*

Le déclencheur **BIR** se déclenche à toute commande **SQL-DDL INSERT**.
Il copie le contenu du tuple à insérer **:NEW** dans une variable locale.
Il appelle chacune des procédures du paquetage d'enrichissement en lui passant la variable locale si nécessaire.
Il met à jour le tuple courant avec le contenu de la variable locale qui a été enrichie.

```
CREATE OR REPLACE TRIGGER Usa_BIR BEFORE
  INSERT ON Usages FOR EACH ROW DECLARE vl_newrec Usages%ROWTYPE;
  BEGIN
    vl_newrec.num       := :NEW.num;
    vl_newrec.code      := :NEW.code;
    vl_newrec.libelle   := :NEW.libelle;
    vl_newrec.descriptif := :NEW.descriptif;
    vl_newrec.ordre     := :NEW.ordre;
    Usa_TAPIs.autogen_column_ins(vl_newrec);
    Usa_TAPIs.autogen_column(vl_newrec);
    Usa_TAPIs.checktype_column(vl_newrec);
    Usa_TAPIs.uppercase_column(vl_newrec);
    Usa_TAPIs.column_PEA(vl_newrec);
    :NEW.num       := vl_newrec.num;
    :NEW.code      := vl_newrec.code;
    :NEW.libelle   := vl_newrec.libelle;
    :NEW.descriptif := vl_newrec.descriptif;
    :NEW.ordre     := vl_newrec.ordre;
  END;
```

Figure 44 – Création du déclencheur Usa_BIR

12.3   *Avant suppression d'un tuple (BDR)*

Le déclencheur **BDR** se déclenche à toute commande **SQL-DDL DELETE**.
Il copie le contenu du tuple avant suppression **:OLD** dans une variable locale.
Il appelle chacune des procédures du paquetage d'enrichissement en lui passant la variable locale.

```
CREATE OR REPLACE TRIGGER Usa_BDR BEFORE
  DELETE ON Usages FOR EACH ROW DECLARE vl_oldrec Usages%ROWTYPE;
  BEGIN
    vl_oldrec.num       := :OLD.num;
    vl_oldrec.code      := :OLD.code;
    vl_oldrec.libelle   := :OLD.libelle;
    vl_oldrec.descriptif := :OLD.descriptif;
    vl_oldrec.ordre     := :OLD.ordre;
  END;
```

Figure 45 – Création du déclencheur Usa_BDR

Il n'y a pas d'appel de procédure d'enrichissement dans notre exemple.
Lors d'une suppression, le seul cas d'enrichissement que je traite concerne la journalisation décrite au chapitre 13.2.

12.4 *Avant mise à jour d'un tuple (BUR)*

Le déclencheur **BUR** se déclenche à toute commande **SQL-DDL UPDATE**.

Il copie le contenu du tuple modifié **:NEW** dans une variable locale.

Il copie le contenu du tuple avant modification **:OLD** dans une autre variable locale.

Il appelle chacune des procédures du paquetage d'enrichissement en lui passant les 2 variables locales si nécessaire.

Il met à jour le tuple courant avec le contenu de la variable locale qui a été enrichie.

```
CREATE OR REPLACE TRIGGER Usa_BUR BEFORE
  UPDATE ON Usages FOR EACH ROW DECLARE vl_newrec Usages%ROWTYPE;
  vl_oldrec Usages%ROWTYPE;
  BEGIN
    vl_newrec.num        := :NEW.num;
    vl_newrec.code       := :NEW.code;
    vl_newrec.libelle    := :NEW.libelle;
    vl_newrec.descriptif := :NEW.descriptif;
    vl_newrec.ordre      := :NEW.ordre;
    vl_oldrec.num        := :OLD.num;
    vl_oldrec.code       := :OLD.code;
    vl_oldrec.libelle    := :OLD.libelle;
    vl_oldrec.descriptif := :OLD.descriptif;
    vl_oldrec.ordre      := :OLD.ordre;
    Usa_TAPIs.autogen_column_upd(vl_newrec);
    Usa_TAPIs.autogen_column(vl_newrec);
    Usa_TAPIs.checktype_column(vl_newrec);
    Usa_TAPIs.uppercase_column(vl_newrec);
    Usa_TAPIs.column_PEA(vl_newrec);
    Usa_TAPIs.frozen_column(vl_newrec, vl_oldrec);
    :NEW.num        := vl_newrec.num;
    :NEW.code       := vl_newrec.code;
    :NEW.libelle    := vl_newrec.libelle;
    :NEW.descriptif := vl_newrec.descriptif;
    :NEW.ordre      := vl_newrec.ordre;
  END;
```

Figure 46 – Création du déclencheur Usa_BUR

13 Traçabilité

L'intérêt de la traçabilité des manipulations de données est décrit dans [PAS-1].
La modélisation logique de la traçabilité est décrite dans [PAS-2].

La traçabilité des manipulations de données est réalisable par deux mécanismes :

- ① les colonnes d'audit ;
- ② les tables de journalisation.

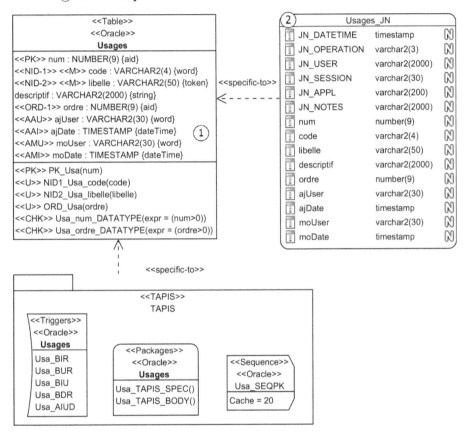

Figure 47 - Traçabilité assurée par l'API de la table Usages

J'utilise la représentation native de Visual Paradigm pour représenter les tables de journalisation comme illustré ci-dessus ②.

13.1 *Colonnes d'audit*

Lors d'un ajout, les valeurs de colonnes d'audit sont alimentées par **autogen_column_ins()** et par **autogen_column_upd()** lors d'une modification.

```
pio_crtrec.ajUser := USER;
pio_crtrec.ajDate := SYSDATE;
```

Figure 48 – Colonnes d'audit en ajout de la table Usages

```
pio_crtrec.moUser := USER;
pio_crtrec.moDate := SYSDATE;
```

Figure 49 – Colonnes d'audit en modification de la table Usages

Le mot-clé **USER** retourne l'utilisateur connecté au niveau des schémas Oracle.
Le mot-clé **USER** sera remplacé par une fonction qui retourne l'utilisateur connecté lorsque la gestion des utilisateurs est plus fine que la simple connexion à un schéma Oracle.

13.2 *Table de journalisation*

La table de journalisation est alimentée par la procédure **ins_jn(pi_crtrec, pi_mode)**.

La procédure est appelée par les déclencheurs :

- **BEFORE INSERT ROW (_BIR)** qui se déclenche à chaque ajout d'un nouveau tuple. Le paramètre **pi_mode** est mis à **INS**.

- **BEFORE UPDATE ROW (_BUR)** qui se déclenche à chaque modification d'un tuple. Le paramètre **pi_mode** est mis à **UPD**.

- **BEFORE DELETE ROW (_BDR)** qui se déclenche à chaque suppression de tuple. Le paramètre **pi_mode** est mis à **DEL**.

```
PROCEDURE ins_jn(          pi_crtrec IN Usages%ROWTYPE
                          ,pi_mode IN VARCHAR2              ) IS

BEGIN
        ...
        INSERT INTO Usages_JN
                (JN_DATETIME
                ,JN_OPERATION
                ,JN_USER
                ,JN_SESSION
                ,JN_APPL
                ,JN_NOTES
                ,num
                ,code
                ,libelle
                ,descriptif
                ,ordre
                ,ajUser
                ,ajDate
                ,moUser
                ,moDate          )
        VALUES
                (SYSDATE
                ,pi_mode
                ,USER
                ,userenv('sessionid')
                ,NULL
                ,NULL
                ,pi_crtrec.num
                ,pi_crtrec.code
                ,pi_crtrec.libelle
                ,pi_crtrec.descriptif
                ,pi_crtrec.ordre
                ,pi_crtrec.ajUser
                ,pi_crtrec.ajDate
                ,pi_crtrec.moUser
                ,pi_crtrec.moDate   );
        ...
END;
```

Figure 50 – Alimentation de la table de journalisation de la table Usages

Commandes SQL-DDL de consolidation de schéma de base de données relationnelle

Je présente quelques commandes SQL-DDL pour permettre au lecteur de faire le lien entre le dernier niveau d'abstraction des modèles de données, le MPDR et la réalité d'une base de données. Pour un approfondissement du langage SQL-DDL, je prie le lecteur de se tourner vers un ouvrage spécifique.

14   Bases

14.1   *Consolidation de schéma*

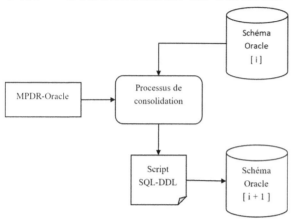

La consolidation d'un schéma consiste à comparer sa structure et le MPD-R. Pour chaque différence, une commande SQL-DDL de création, de modification ou de suppression est créée.

Les différentes commandes SQL-DDL sont placées au sein d'un ou plusieurs fichiers de scripts.

Ces scripts sont exécutés par le SGBD-R pour aligner le schéma sur le MPD-R.

**Figure 51 - Représentation symbolique
du mécanisme de consolidation**

 La création d'un schéma est une consolidation pour laquelle seules des commandes de création sont nécessaires. Toutefois et surtout avec les générateurs de code, il est courant de voir des commandes de modification car il est plus aisé, en automatisation, de créer une table et ensuite de lui ajouter des contraintes par une commande de modification.

14.2   *SQL*

SQL est le langage d'exploitation de bases de données relationnelles. Il a été adopté par l'ANSI en 1986 et est devenu une norme ISO en 1987. SQL est l'abréviation de Structured Query Langage ou langage de requête structurée en français. Depuis 1987, plusieurs révisions se sont succédées dont les plus significatives sont :

-   SQL-92, alias SQL2 en 1992. Il s'agissait d'une révision majeure.
-   SQL-99, alias SQL3 en 1999. Il s'agissait de l'introduction des déclencheurs.

Le langage SQL est composé de trois parties :

-   SQL-DDL pour Data Definition Language ;
    définition des objets de structure de données avec les mots-clés **CREATE, ALTER, DROP**...
-   SQL-DML pour Data Manipulation Language ;
    manipulation des données avec les mots-clés **INSERT, UPDATE, DELETE**...
-   SQL-DCL pour Data Control Language ;
    contrôle des droits et des transactions avec les mots-clés **COMMIT, ROLLBACK, GRANT, REVOKE**...

14.3   *SQL-DDL*

Les commandes SQL-DDL permettent de définir les objets de structure de données depuis le schéma jusqu'aux objets de performance en passant par les tables ou vues.

Les trois commandes essentielles de SQL-DDL permettent de créer ou consolider un schéma de base de données relationnelle :

- **CREATE** pour créer un objet du schéma ou le schéma (en tant que conteneur d'objets) lui-même ;
- **ALTER** pour modifier un objet du schéma ;
- **DROP** pour supprimer un objet du schéma.

```
CREATE TABLE Articles (
  num             number(9) NOT NULL,
  Usa_adapte_num number(9),
  code            varchar2(10) NOT NULL,
  libelle         varchar2(50) NOT NULL,
  prix            number(10,2) NOT NULL,
  descriptif      varchar2(2000),
  CONSTRAINT PK_Art
    PRIMARY KEY (num),
  CONSTRAINT NID1_Art_code
    UNIQUE (code),
  CONSTRAINT Art_num_DATATYPE
    CHECK ((num>0)),
  CONSTRAINT Art_prix_DATATYPE
    CHECK ((prix>=0)));
```

Figure 52 – Commande CREATE de création de la table Articles

```
ALTER TABLE Articles ADD CONSTRAINT FK1_Art_Usa_adapte
FOREIGN KEY (Usa_adapte_num) REFERENCES Usages (num);
```

Figure 53 – Commande ALTER TABLE pour la création de la contrainte de clé étrangère entre Articles et Usages

14.4   *Un script SQL-DDL n'est pas un MPD-R*

Un modèle physique de données relationnel (MPD-R) est une représentation d'un schéma de base de données relationnelle (SGBD-R).
Les commandes SQL-DDL permettent de consolider un schéma de SGBD-R. La consolidation aligne le schéma aux spécifications du MPD-R.

Uniquement lorsque le schéma est vide, le ou les scripts de commandes SQL-DDL et le MPD-R sont dans une relation biunivoque[31].

---

[31] Le MPD-R peut être déduit du ou des scripts et à leurs tours le ou les scripts peuvent être déduits du MPD-R.

Dès que le schéma contient un objet, le ou les scripts ne sont plus une image du MPD-R. Le ou les scripts sont des adaptateurs permettant au schéma de passer d'un état i à un état i+1.

14.5   *Norme et implantation Oracle*

La ligne générale des commandes SQL-DDL **CREATE**, **ALTER** et **DROP** est régie par la norme SQL [Chapitre 14.2]. Toutefois le champ d'application, objet auquel elle s'applique, ou la syntaxe peuvent varier selon l'implantation d'un constructeur voire selon la version d'un produit.

Pour ce livre, les illustrations de commandes SQL-DDL seront des implantations du constructeur Oracle.

14.6   *Colonnes et contraintes*

Les colonnes et contraintes de tables ne sont pas des objets autonomes d'un schéma de base de données relationnelles. Elles ne peuvent donc pas être définies directement et il faut passer par la table qui les contient.

Si la table existe déjà, l'ajout d'une nouvelle colonne ou contrainte se fait par le verbe **ADD** de la commande SQL-DDL **ALTER TABLE**.

```
ALTER TABLE Articles ADD CONSTRAINT FK1_Art_Usa_adapte
FOREIGN KEY (Usa_adapte_num) REFERENCES Usages (num);
```

Figure 54 – Verbe ADD de la commande ALTER TABLE pour ajouter une contrainte de clé étrangère

15 Commande CREATE

La commande **CREATE** permet de créer un objet au sein d'un schéma de base de données.

Pour le besoin de ce livre, nous utiliserons les commandes suivantes :
- **CREATE TABLE**, création d'une table ;
- **CREATE VIEW**, création d'une vue ;
- **CREATE SEQUENCE**, création d'une séquence ;
- **CREATE OR REPLACE PACKAGE**, création ou remplacement d'un paquetage ;
- **CREATE OR REPLACE TRIGGER**, création ou remplacement d'un déclencheur ;
- **CREATE INDEX**, création d'un index.
-

En amont de la création des objets d'un schéma, la commande **CREATE** est utilisée pour :
- **CREATE DATABASE**, créer la base de données elle-même ;
- **CREATE USER**, créer un utilisateur.
  Pour Oracle, un utilisateur est un schéma de base de données potentiel.

15.1 *CREATE TABLE*

La commande **CREATE TABLE** permet de créer une table avec ses colonnes et ses contraintes.

```
CREATE TABLE Usages (
  num        number(9) NOT NULL,
  code       varchar2(4) NOT NULL,
  libelle    varchar2(50) NOT NULL,
  descriptif varchar2(2000),
  ordre      number(9) NOT NULL,
  CONSTRAINT PK_Usa
    PRIMARY KEY (num),
  CONSTRAINT ORD_Usa
    UNIQUE (ordre),
  CONSTRAINT NID2_Usa_libelle
    UNIQUE (libelle),
  CONSTRAINT NID1_Usa_code
    UNIQUE (code),
  CONSTRAINT Usa_ordre_DATATYPE
    CHECK ((ordre>0)),
  CONSTRAINT Usa_num_DATATYPE
    CHECK ((num>0)));
```

Figure 55 – Création de la table Usages [Figure 20]

15.2 *CREATE SEQUENCE*

```
CREATE SEQUENCE Usa_SEQPK CACHE 20;
```

Figure 56 – Création de la séquence Usa_SEQPK [Figure 20]

15.3 *CREATE OR REPLACE PACKAGE*

La commande **CREATE OR REPLACE PACKAGE** permet de créer ou de remplacer un paquetage de code PL/SQL.

Les paquetages PL/SQL sont constitués de deux parties :
- Une partie de spécification partagée qui contient les déclarations de procédures, fonctions et autres.
- Une partie privée qui contient le corps (body) des procédures et fonctions.

Dans l'exemple ci-dessous, je ne montre que la partie de spécification du paquetage.

```
CREATE OR REPLACE PACKAGE Usa_TAPIs
IS
  PROCEDURE autogen_column(
      pio_crtrec IN OUT Usages%ROWTYPE);
  PROCEDURE autogen_column_ins(
      pio_crtrec IN OUT Usages%ROWTYPE);
  PROCEDURE autogen_column_upd(
      pio_crtrec IN OUT Usages%ROWTYPE);
  PROCEDURE uppercase_column(
      pio_crtrec IN OUT Usages%ROWTYPE);
  PROCEDURE checktype_column(
      pio_crtrec IN OUT Usages%ROWTYPE);
  PROCEDURE column_PEA(
      pio_crtrec IN OUT Usages%ROWTYPE);
  PROCEDURE frozen_column(
      pio_newrec IN OUT Usages%ROWTYPE ,
      pio_oldrec IN OUT Usages%ROWTYPE);
  PROCEDURE tree_or_list_loop;
  PROCEDURE tree_or_list_onlyone;
TYPE type_Usages
IS
  TABLE OF Usages%ROWTYPE INDEX BY PLS_INTEGER;
  vg_Usages type_Usages;
  vg_insteadof_call BOOLEAN := FALSE;
END;
```

Figure 57 – Création de la spécification du paquetage Usa_TAPIs [Figure 20]

15.4 *CREATE OR REPLACE TRIGGER*

La commande **CREATE OR REPLACE TRIGGER** permet de créer ou de remplacer un déclencheur.

```
CREATE OR REPLACE TRIGGER Usa_BIR BEFORE
  INSERT ON Usages FOR EACH ROW DECLARE vl_newrec Usages%ROWTYPE;
  BEGIN
    vl_newrec.num       := :NEW.num;
    vl_newrec.code      := :NEW.code;
    vl_newrec.libelle   := :NEW.libelle;
    vl_newrec.descriptif := :NEW.descriptif;
    vl_newrec.ordre     := :NEW.ordre;
    Usa_TAPIs.autogen_column_ins(vl_newrec);
    Usa_TAPIs.autogen_column(vl_newrec);
    Usa_TAPIs.checktype_column(vl_newrec);
    Usa_TAPIs.uppercase_column(vl_newrec);
    Usa_TAPIs.column_PEA(vl_newrec);
    :NEW.num       := vl_newrec.num;
    :NEW.code      := vl_newrec.code;
    :NEW.libelle   := vl_newrec.libelle;
    :NEW.descriptif := vl_newrec.descriptif;
    :NEW.ordre     := vl_newrec.ordre;
  END;
```

Figure 58 – Création du trigger Before Insert Row de la table Usages [Figure 20]

15.5 *CREATE INDEX*

```
CREATE INDEX FK1_Art_Usa_adapte
  ON Articles (Usa_adapte_num);
```

Figure 59 – Création de l'index de performance de la clé étrangère entre Usages et Articles [Chapitre 20.5.3]

16   Commande ALTER

La commande **ALTER** permet de modifier un objet au sein d'un schéma de base de données.

Pour le besoin de ce livre, nous utiliserons uniquement la commande **ALTER TABLE** pour la modification d'une table.

16.1   *ALTER TABLE*

La commande **ALTER TABLE** permet de modifier les colonnes et les contraintes d'une table.

Au sein des commandes **ALTER TABLE**, nous utiliserons les verbes suivants :

- ① **ADD** pour ajouter une colonne ou une contrainte au sein de la table ;
- ② **MODIFY** pour modifier une colonne ou une contrainte au sein de la table ;
- ③ **DROP** pour supprimer une colonne ou une contrainte existante au sein de la table.

```
ALTER TABLE Usages
  ADD nouvelle varchar2(10) NOT NULL; ①
ALTER TABLE Usages
  MODIFY libelle varchar2(100); ②
ALTER TABLE Usages
  DROP CONSTRAINT U_Usa_code; ③
```

Figure 60 – Modification de la table Usages [Figure 20]

17   Commande DROP

La commande **DROP** permet de supprimer un objet au sein d'un schéma de base de données.
Pour le besoin de ce livre, nous utiliserons les commandes suivantes :

- **DROP TABLE**, suppression d'une table ;
- **DROP VIEW**, suppression d'une vue ;
- **DROP SEQUENCE**, suppression d'une séquence ;
- **DROP PACKAGE**, suppression d'un package ;
- **DROP TRIGGER**, suppression d'un déclencheur ;
- **DROP INDEX**, suppression d'un index.

```
DROP TABLE Usages CASCADE CONSTRAINTS;

DROP SEQUENCE Usa_SEQPK;
```

Figure 61 – Suppression de la table Usages et de la séquence de sa clé primaire [Figure 20]

18   Spécification des contraintes

18.1   *Contrainte et clause de colonne*

Les contraintes de colonnes sont spécifiées par un ou des mots-clés et, si nécessaire, un argument au sein de la phrase de définition de colonne.

```
CREATE TABLE Commandes (
  num            number(9) NOT NULL,
  Cli_passe_num number(9) NOT NULL,
  dateReception date NOT NULL,
  express        varchar2(1) DEFAULT 'N' NOT NULL,
  montantRetenu number(10,2),
  dateGelee      date,
  CONSTRAINT PK_Com
    PRIMARY KEY (num),
  CONSTRAINT Com_num_DATATYPE
    CHECK ((num>0)),
  CONSTRAINT Com_montantRetenu_DATATYPE
    CHECK ((montantRetenu>=0)),
  CONSTRAINT Com_express_DATATYPE
    CHECK ((express = 'Y') OR (express = 'N')));
```

Figure 62 – Commande CREATE de création de la table Articles

18.1.1   **NOT NULL**

La contrainte de valeur de colonne obligatoire est spécifiée par les mots-clés **NOT NULL** [Figure 62].

18.1.2   **DEFAULT**

La clause de valeur par défaut est spécifiée par le mot-clé **DEFAULT** suivi de la valeur [Figure 62].

18.1.3   **CHECK**

Il est possible mettre une contrainte de **CHECK** directement sur la définition de la colonne. Je n'utilise pas cette manière de faire car la contrainte n'est pas nommée.
En lieu et place, je crée une contrainte **CHECK** au niveau de la table.

18.2   *Contrainte de table*

Les contraintes de table sont spécifiées par le mot-clé **CONSTRAINT**.
Les contraintes de tables sont nommées.
Un ou des mots-clés spécifient la nature de la contrainte.

18.2.1   **PRIMARY KEY**

La nature de contrainte de clé primaire est spécifiée par les mots-clés **PRIMARY KEY** qui reçoivent en argument la ou les colonnes constitutives de la clé primaire.

```
CREATE TABLE Articles (
  num             number(9) NOT NULL,
  Usa_adapte_num number(9),
  code            varchar2(10) NOT NULL,
  libelle         varchar2(50) NOT NULL,
  prix            number(10,2) NOT NULL,
  descriptif      varchar2(2000),
  CONSTRAINT PK_Art
    PRIMARY KEY (num),
  CONSTRAINT NID1_Art_code
    UNIQUE (code),
  CONSTRAINT Art_num_DATATYPE
    CHECK ((num>0)),
  CONSTRAINT Art_prix_DATATYPE
    CHECK ((prix>=0)));
```

Figure 63 – Commande CREATE de création de la table Articles et sa contrainte de clé primaire

18.2.2 FOREIGN KEY

La nature de contrainte de clé étrangère est spécifiée par les mots-clés **FOREIGN KEY** qui reçoivent en argument la ou les colonnes constitutives de la clé étrangère.
Ensuite, le mot-clé **REFERENCES** spécifie la table de référence. Le nom de la table de référence reçoit en argument la ou les colonnes constitutives de sa clé primaire.

```
ALTER TABLE Articles ADD CONSTRAINT FK_Art_Usa_adapte
FOREIGN KEY (Usa_adapte_num) REFERENCES Usages (num);
```

Figure 64 – Commande ALTER de modification de la table Articles pour ajouter une contrainte de clé étrangère

Lorsqu'une clé primaire est composée de plusieurs colonnes, chaque colonne de clé étrangère doit être appariée à la colonne de clé primaire correspondante de la table de référence. Cet appariement implique une équivalence des types de données de chaque couple de colonnes.

Lorsque la relation entre deux tables est identifiante primaire [Chapitre 6.2], la suppression de la référence parent implique souvent la suppression de tous les enregistrements de la table enfant.
Si nécessaire, cette suppression en cascade est réalisée par la commande SQL **ON DELETE Cascade**.

```
ALTER TABLE LignesCdes ADD CONSTRAINT FK1_LgCde_Com_comporte FOREIGN KEY (Com_comporte_num)
REFERENCES Commandes (num) ON DELETE Cascade;
```

Figure 65 – Commande ALTER de modification de la table LignesCdes pour ajouter une contrainte de clé étrangère avec suppression en cascade

18.2.3 **UNIQUE**

La nature de contrainte d'unicité est spécifiée par le mot-clé **UNIQUE** qui reçoit en argument la ou les colonnes constitutives de la contrainte d'unicité.

```
CREATE TABLE Articles (
  num            number(9) NOT NULL,
  Usa_adapte_num number(9),
  code           varchar2(10) NOT NULL,
  libelle        varchar2(50) NOT NULL,
  prix           number(10,2) NOT NULL,
  descriptif     varchar2(2000),
  CONSTRAINT PK_Art
    PRIMARY KEY (num),
  CONSTRAINT NID1_Art_code
    UNIQUE (code),
  CONSTRAINT Art_num_DATATYPE
    CHECK ((num>0)),
  CONSTRAINT Art_prix_DATATYPE
    CHECK ((prix>=0)));
```

Figure 66 – Commande CREATE de création de la table Articles et de la contrainte d'unicité U_Art_code

18.2.4 **CHECK**

La nature de contrainte d'assertion est spécifiée par le mot-clé **CHECK** qui reçoit en argument l'assertion à vérifier.

```
CREATE TABLE Commandes (
  num            number(9) NOT NULL,
  Cli_passe_num number(9) NOT NULL,
  dateReception date NOT NULL,
  express        varchar2(1) DEFAULT 'N' NOT NULL,
  montantRetenu number(10,2),
  dateGelee      date,
  CONSTRAINT PK_Com
    PRIMARY KEY (num),
  CONSTRAINT Com_num_DATATYPE
    CHECK ((num>0)),
  CONSTRAINT Com_montantRetenu_DATATYPE
    CHECK ((montantRetenu>=0)),
  CONSTRAINT Com_express_DATATYPE
    CHECK ((express = 'Y') OR (express = 'N')));
```

Figure 67 – Commande CREATE de création de la table Articles et de la contrainte d'assertion Art_prix_DATATYPE

Transformation du MLD-R en un MPDR-Oracle

19 Concept

La transformation d'un modèle logique de données relationnel en un modèle physique de données consiste en deux parties essentielles :

- Créer un modèle physique de données relationnel classique [Page 35] adapté aux particularités du constructeur ou de la version de la base de données cible, Oracle pour notre cas.

- Créer les APIs de tables [Page 43] pour prendre en charge les spécifications ou contraintes que la norme SQL ou l'implantation du constructeur, Oracle pour notre cas, ne prend pas en charge.

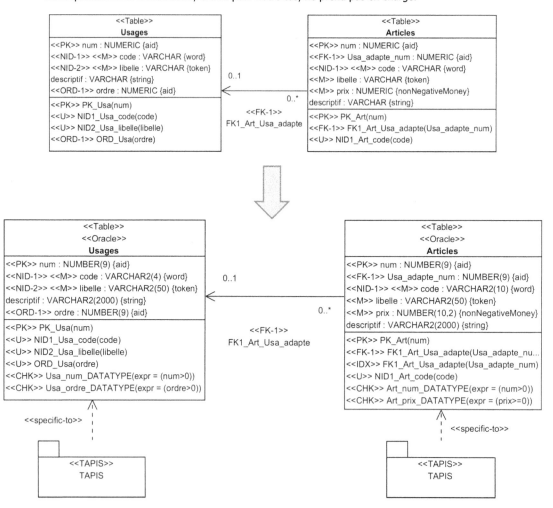

Figure 68 - Transformation du MLD-R en un MPDR-Oracle

 La norme SQL, respectivement l'implantation Oracle, limitent le contenu des arguments de la clause **DEFAULT** et de la contrainte **CHECK**. Un argument ne peut contenir que des colonnes de la table manipulée et aucune fonction du langage PL/SQL.
Lorsqu'un argument d'une contrainte nécessite une donnée ne provenant pas des colonnes de la table ou une fonction du langage PL/SQL, la contrainte est réalisée par l'intermédiaire des APIs de tables.

20 Transformation du MLD-R en un MPD-R Oracle classique

La transformation du modèle logique de données relationnel en un modèle physique classique pour Oracle obéit, pour l'essentiel, aux règles suivantes :

- Toute table logique devient une table physique.
- Les types de données des colonnes logiques sont convertis en types Oracle.
- Les clauses ou contraintes de colonnes supportées par les commandes SQL-DDL et Oracle deviennent des clauses ou contraintes de colonnes ou de tables physiques.
- Les contraintes de tables logiques supportées par les commandes SQL-DDL et Oracle deviennent des contraintes de tables physiques.

20.1 *Table*

Toute table logique devient une table physique.

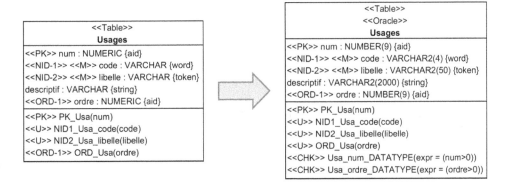

Figure 69 - Transformation d'une table

20.2 *Type de donnée*

Les types de données des colonnes du modèle logique [PAS-2 Colonnes / Types de données] sont transformés en type de données des colonnes du modèle relationnel [Tableau 1 en Page 37] selon le tableau ci-dessous.

Type de colonne MLD-R	Type de colonne MPDR-Oracle	Remarque
BOOLEAN	**VARCHAR2(1)**	'Y' pour vrai et 'N' pour faux
VARCHAR	**VARCHAR2**	
NUMERIC	**NUMBER**	
Valeur temporelle		
INTERVAL	**VARCHAR2**	Un contrôle de format doit être ajouté
TIMESTAMP	**TIMESTAMP**	
DATE	**DATE**	
TIME	**TIME**	

Tableau 2 - Conversion des types de données

20.3 *Type de donnée enrichi*

Les contraintes UML d'enrichissement des types de données logique et numériques [PAS-2 Types de données] du modèle logique de données relationnel (MLD-R) sont transformées en assertions (contraintes de **CHECK** stéréotypées **«CHK»**)

```
          <<Table>>
          Articles
<<PK>> num : NUMERIC {aid}
<<FK-1>> Usa_adapte_num : NUMERIC {aid}
<<NID-1>> <<M>> code : VARCHAR {word}
<<M>> libelle : VARCHAR {token}
<<M>> prix : NUMERIC {nonNegativeMoney}
descriptif : VARCHAR {string}

<<PK>> PK_Art(num)
<<FK-1>> FK1_Art_Usa_adapte(Usa_adapte_num)
<<U>> NID1_Art_code(code)
```

```
          <<Table>>
          <<Oracle>>
          Articles
<<PK>> num : NUMBER(9) {aid}
<<FK-1>> Usa_adapte_num : NUMBER(9) {aid}
<<NID-1>> <<M>> code : VARCHAR2(10) {word}
<<M>> libelle : VARCHAR2(50) {token}
<<M>> prix : NUMBER(10,2) {nonNegativeMoney}
descriptif : VARCHAR2(2000) {string}

<<PK>> PK_Art(num)
<<FK-1>> FK1_Art_Usa_adapte(Usa_adapte_num)
<<IDX>> FK1_Art_Usa_adapte(Usa_adapte_num)
<<U>> NID1_Art_code(code)
<<CHK>> Art_num_DATATYPE(expr = (num>0))
<<CHK>> Art_prix_DATATYPE(expr = (prix>=0))
```

Figure 70 – Transformation de types de données enrichis

20.4   *Clause ou contrainte de colonne*

20.4.1   **Valeur non nulle**

La contrainte de valeur de colonne obligatoire du modèle logique est transformée en une contrainte obligatoire du modèle physique [Figure 69].

Les colonnes logiques stéréotypées **«PEA-i»** et **«M»** deviennent des colonnes physiques optionnelles. La portée du stéréotype est expliquée au chapitre 22.3.

20.4.2   **Valeur par défaut**

Si l'expression de valeur par défaut ne contient aucune donnée autre que des colonnes de la table manipulée et aucune fonction du langage PL/SQL, la valeur par défaut du modèle logique est reprise.
Si non, la valeur par défaut sera prise en compte par l'API de la table.

20.4.3   **Assertion (Check)**

Si l'assertion ne contient aucune donnée autre que des colonnes de la table manipulée et aucune fonction du langage PL/SQL, l'assertion du modèle logique est reprise. Comme déjà mentionné, je crée cette contrainte au niveau de la table pour pouvoir la nommer.
Si non, l'assertion sera vérifiée par l'API de la table.

20.5   *Contrainte de table*

20.5.1   **Unicité**

La contrainte d'unicité du modèle logique est transformée en une contrainte physique identique.

20.5.2   **Clé primaire**

La contrainte de clé primaire du modèle logique est transformée en une contrainte physique identique.

Depuis la version 12c, Oracle offre un mécanisme de génération automatique de colonne de clé primaire. Nous ne l'utilisons pas pour ce livre et recourrons à une séquence pour faciliter le portage entre versions. De plus, la séquence pour une table indépendante facilite la création de transactions incluant des tables liées par des relations identifiantes primaires.

Une séquence est créée pour chaque table indépendante [Figure 20].

20.5.3   **Clé étrangère**

La contrainte de clé étrangère du modèle logique est transformée en une contrainte physique identique.
Un index de performance basé sur les colonnes de clé étrangère est créé.

Les contraintes **{deletecascade}** du modèle logique sont transformées en contraintes **{deletecascade}** du modèle physique.

20.5.4 **Assertion**

Si l'assertion ne contient aucune donnée autre que des colonnes de la table manipulée et aucune fonction du langage PL/SQL, l'assertion du modèle logique est reprise.
Si non, l'assertion sera prise en compte par l'API de la table.

20.5.5 **Ordonnancement**

La contrainte d'ordonnancement ① est transformée en une contrainte d'unicité ②.

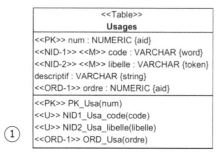

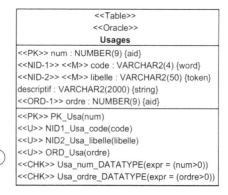

Figure 71 - Transformation de contrainte d'ordonnancement

20.5.6 Journalisation

La contrainte de journalisation ① est transformée en une table de journalisation ②.

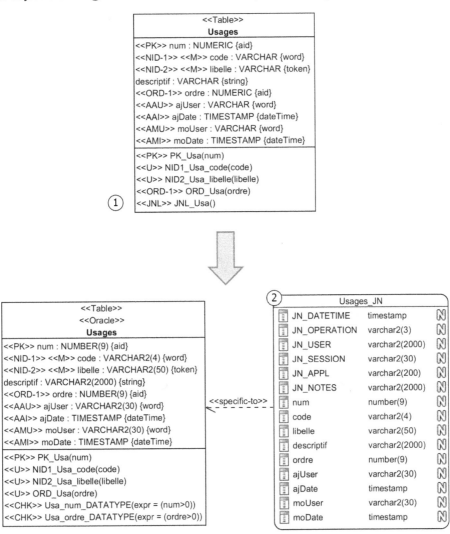

Figure 72 - Transformation de la contrainte de journalisation

20.5.7 Graphe non orienté

Une table associative dont les relations identifiantes primaires portent une contrainte UML **{nonoriented}** représente un graphe non orienté.
Une table associative ① représentant un graphe non orienté est transformée en une vue ②.

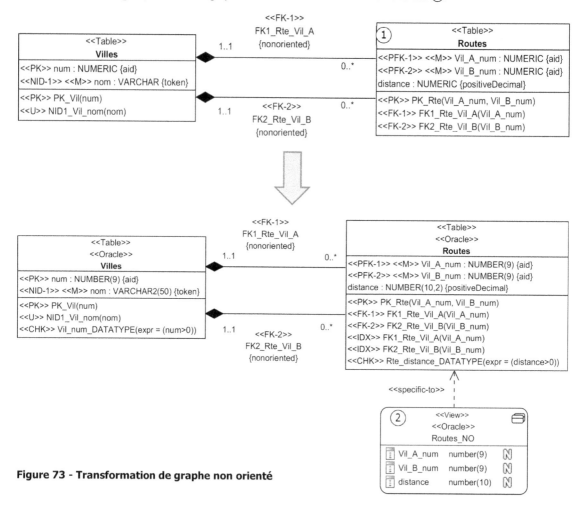

Figure 73 - Transformation de graphe non orienté

 La table Routes permet d'enregistrer les routes existantes entre deux villes. Toutefois, le modèle logique oriente la route de ville A vers ville B. Si nous recherchons de ville B à ville A, nous ne trouverons pas de route. La vue Routes_NO résoud ce problème en montrant toujours les 2 couples de routes de A à B et de B à A.

```
SELECT Vil_A_num, Vil_B_num, distance FROM Routes
UNION
SELECT Vil_B_num, Vil_A_num, distance FROM Routes
```

Figure 74 – Requête SQL-DML de création de la vue des routes non orientées

21   Transformation du MLD-R en APIs de tables Oracle

Préalablement à la transformation proprement dite du modèle physique classique, il est nécessaire de créer pour chaque table :

- le paquetage des procédures stockées [Chapitre 11] ;
- les déclencheurs [Chapitre 12].

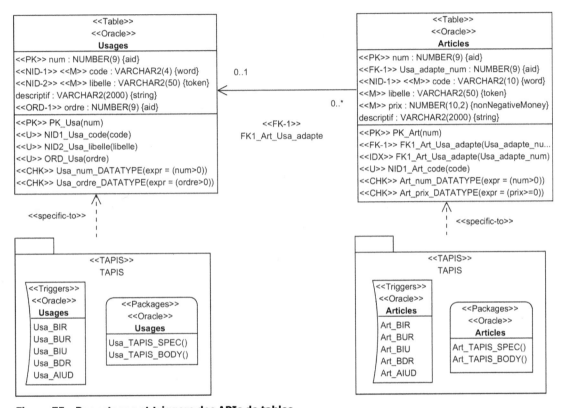

Figure 75 - Paquetages et triggers des APIs de tables

La transformation du modèle logique de données relationnel en APIs de tables consiste à créer le code d'enrichissement des commandes SQL-DDL classiques. En plus du code, il faut créer les triggers qui vont appeler le code d'enrichissement.

Nous étudierons cet enrichissement en passant en revue les différentes contraintes du modèle logique relationnel qui ne sont pas prises en compte par les commandes SQL-DDL d'enrichissement ou seulement en partie.

22   APIs de contraintes de colonne

22.1   *Types de données enrichis*

Les contraintes UML d'enrichissement des types de données textuels et temporels [PAS-2 Types de données] du modèle logique de données relationnel (MLD-R) sont transformées en code de vérification au sein de la procédure **checktype_column()** des APIs de tables.

Le chapitre 11.2.2 montre le code de la vérification de la colonne code de type enrichi **{word}**.

<<Table>>
<<Oracle>>
Articles
<<PK>> num : NUMBER(9) {aid}
<<FK-1>> Usa_adapte_num : NUMBER(9) {aid}
<<NID-1>> <<M>> code : VARCHAR2(10) {word}
<<M>> libelle : VARCHAR2(50) {token}
<<M>> prix : NUMBER(10,2) {nonNegativeMoney}
descriptif : VARCHAR2(2000) {string}
<<PK>> PK_Art(num)
<<FK-1>> FK1_Art_Usa_adapte(Usa_adapte_num)
<<IDX>> FK1_Art_Usa_adapte(Usa_adapte_num)
<<U>> NID1_Art_code(code)
<<CHK>> Art_num_DATATYPE(expr = (num>0))
<<CHK>> Art_prix_DATATYPE(expr = (prix>=0))

Figure 76 - Types de données enrichis

22.1.1   Valeur par défaut

Si l'expression de valeur par défaut contient une donnée provenant d'une colonne n'appartenant pas à la table manipulée ou une fonction du langage PL/SQL, la valeur par défaut du modèle logique est transformée en code d'initialisation par l'API de la table.

22.1.2   Assertion (Check)

Si l'assertion contient une donnée provenant d'une colonne n'appartenant pas à la table manipulée ou une fonction du langage PL/SQL, l'assertion est transformée en code de vérification par l'API de la table.

22.2   *Contrainte UML {frozen}*

La contrainte UML de non modification de colonne **{frozen}** est transformée en code de vérification au sein de la procédure **frozen_column()** des APIs de tables.

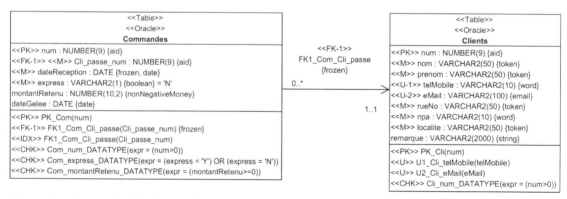

Figure 77 - Contrainte UML {frozen}

```
    IF pio_newrec.Cli_passe_num <> pio_oldrec.Cli_passe_num THEN
        raise_application_error(-20001,   'Table:   Commandes   ,   Colonne:   Cli_passe_num   ,
mpdr.constraint.mess.err.fk.frozen , La valeur de la colonne n''est pas modifiable car elle est
partie de la contrainte de clé étrangère FK1_Com_Cli_passe qui est non modifiable');
    END IF;

    IF pio_newrec.dateReception <> pio_oldrec.dateReception THEN
        raise_application_error(-20001,   'Table:   Commandes   ,   Colonne:   dateReception   ,
mpdr.constraint.mess.err.column.frozen , La valeur de la colonne n''est pas modifiable');
    END IF;
```

Figure 78 – Code de non modification de colonnes {frozen}

22.3 *Pseudo entité associative*

Le lecteur voudra bien se référer à [PAS-1] et [PAS-2] pour une explication du concept de pseudo entité associative.

En résumé, une colonne qui porte un stéréotype **«PEA-i»** est associée à la contrainte de clé étrangère **«FK-i»** de même indice i.

- Une valeur de colonne **«PEA-i»** ne peut être renseignée que si la clé étrangère associée est renseignée.
- L'obligation de valeur d'une colonne **«PEA-i»** est subordonnée à l'existence de valeur pour la clé étrangère associée.

La contrainte de colonne est transformée en deux blocs de code de vérification au sein de la procédure **column_PEA()** des APIs de tables. Chaque bloc vérifie une des conditions présentées ci-dessus.

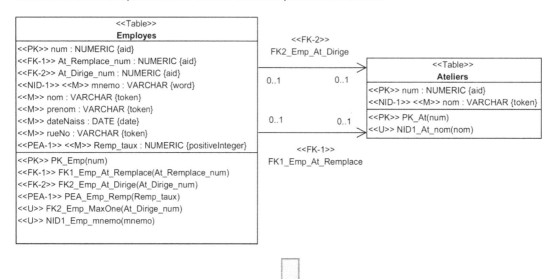

```
-- La colonne ne peut avoir une valeur que si la clé étrangère existe
IF (NOT pio_crtrec.Remp_taux IS NULL) AND
   (pio_crtrec.At_Remplace_num IS NULL)          THEN
        raise_application_error(-20001,   'Table:   Employes   ,   Colonne:   Remp_taux   ,
        mpdr.constraint.mess.err.column.withoutlink.pseudo.entity , Une valeur ne peut pas être
        saisie  dans la colonne >Remp_taux< si la colonne de clé étrangère >FK_Emp_At_Remplace<
        n''est  pas renseignée');
END IF;

-- Si la clé étrangère existe, la colonne doit avoir une valeur
IF (pio_crtrec.Remp_taux IS NULL) AND
   ( NOT pio_crtrec.At_Remplace_num IS NULL)    THEN
        raise_application_error(-20001,   'Table:   Employes   ,   Colonne:   Remp_taux   ,
        mpdr.constraint.mess.err.column.mandatory.pseudo.entity , Une valeur doit être saisie
        dans la colonne: Remp_taux');
END IF;
```

Figure 79 - Transformation d'une colonne d'entité pseudo associative

22.4 *Colonnes d'audit*

Les stéréotypes associés aux colonnes d'audit permettent de créer le code adéquat d'alimentation de valeur au sein des procédures **autogen_column_ins()** et **autogen_column_upd()** des APIs de tables [Chapitre 13.1].

<<Table>>
Usages
<<PK>> num : NUMERIC {aid}
<<NID-1>> <<M>> code : VARCHAR {word}
<<NID-2>> <<M>> libelle : VARCHAR {token}
descriptif : VARCHAR {string}
<<ORD-1>> ordre : NUMERIC {aid}
<<AAU>> ajUser : VARCHAR {word}
<<AAI>> ajDate : TIMESTAMP {dateTime}
<<AMU>> moUser : VARCHAR {word}
<<AMI>> moDate : TIMESTAMP {dateTime}
<<PK>> PK_Usa(num)
<<U>> NID1_Usa_code(code)
<<U>> NID2_Usa_libelle(libelle)
<<ORD-1>> ORD_Usa(ordre)
<<JNL>> JNL_Usa()

 Le stéréotype **«AMU»** indique de créer le code d'affectation de l'utilisateur qui a effectué la modification, soit :

```
pio_crtrec.moUser := USER;
```

Figure 80 - Colonnes d'audit

23   APIs de contraintes de table

23.1   *Clé primaire*

Depuis la version 12c, Oracle offre un mécanisme de génération automatique de colonne de clé primaire. Nous ne l'utilisons pas pour ce livre et recourrons à une séquence pour faciliter le portage entre versions.

Les APIs de tables doivent générer une valeur de colonne de clé primaire pour les tables indépendantes ou dépendantes dotées d'une identité propre.

23.1.1   Table indépendante

La procédure **autogen_column_ins()** affecte la valeur de colonne de clé primaire indépendante en recourant à la séquence spécifique à la table.

 Pour la clé primaire de la table Usages, l'affectation de la colonne de clé primaire est réalisée comme suit :

```
IF pio_crtrec.num IS NULL THEN
        SELECT Usa_SEQPK.NEXTVAL
        INTO pio_crtrec.num
        FROM DUAL;
END IF;
```

 Le test "pio_crtrec.num IS NULL" est utile dans le cas de transaction au sein de laquelle la valeur de clé primaire doit être connue et utilisée, par exemple dans le cadre de tables liées par une relation identifiante primaire.

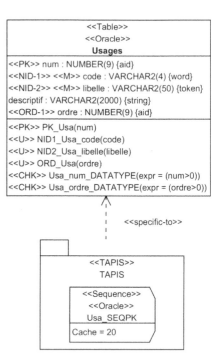

Figure 81 - Colonne de clé primaire de table indépendante

23.1.2   Table dépendante

La procédure **autogen_column_ins()** affecte la valeur de colonne de clé primaire dépendante en incrémentant la valeur du dernier tuple ayant les mêmes valeurs de colonnes de clé(s) étrangère(s) identifiante(s) primaire(s).

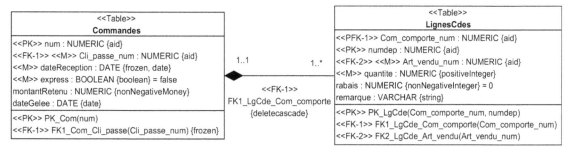

Figure 82 - Colonne de clé primaire de table dépendante

 Pour la clé primaire de la table LignesCommandes, l'affectation de la colonne de clé primaire est réalisée comme suit :

```
IF pio_crtrec.numdep IS NULL THEN
        SELECT NVL(MAX(numdep), 0) + 1
        INTO pio_crtrec.numdep
        FROM LignesCdes
        WHERE (1=1)
        AND LignesCdes.Com_comporte_num = pio_crtrec.Com_comporte_num;
END IF ;
```

Le test "pio_crtrec.numdep IS NULL" est utile dans le cas de transaction au sein de laquelle la valeur de clé primaire doit être connue et utilisée, par exemple dans le cadre de tables liées par une relation identifiante primaire.

La clause "WHERE (1=1)" est une pratique des générateurs de code. Elle permet d'ajouter une expression logique sans devoir tester si c'est la première ou pas. Toute expression logique est toujours précédée de l'opérateur "AND".

23.2 *Relation non modifiable*

La contrainte de non modification UML **{frozen}** d'une relation [Figure 77] est transformée en code de vérification de non modification des colonnes constitutives de la clé étrangère.

 Le code de la contrainte de non modification **{frozen}** de clé étrangère est illustrée au chapitre 22.2. La valeur de colonne de clé étrangère Cli_passe_num ne peut pas être modifiée.

23.3 *Assertion (Check)*

Si l'assertion contient une donnée provenant d'une colonne n'appartenant pas à la table manipulée ou une fonction du langage PL/SQL, l'assertion est transformée en code de vérification par l'API de la table.

23.4 *Ordonnancement*

Après que la contrainte d'ordonnancement ① ait été transformée en une contrainte d'unicité par la transformation classique [Chapitre 20.5.5], les APIs de tables doivent alimenter la colonne d'ordonnancement.

Le calcul des valeurs de colonne d'ordonnancement est réalisé en comptant de 10 en 10 pour faciliter le déplacement d'un tuple.
Dans cette version initiale, les nouveaux tuples se trouvent placés en fin de liste.

<table>
<tr><td colspan="1"><<Table>>
Usages</td></tr>
</table>

<<Table>>
Usages
<<PK>> num : NUMERIC {aid}
<<NID-1>> <<M>> code : VARCHAR {word}
<<NID-2>> <<M>> libelle : VARCHAR {token}
descriptif : VARCHAR {string}
<<ORD-1>> ordre : NUMERIC {aid}
<<PK>> PK_Usa(num)
<<U>> NID1_Usa_code(code)
<<U>> NID2_Usa_libelle(libelle)
<<ORD-1>> ORD_Usa(ordre)

```
IF pio_crtrec.ordre IS NULL THEN
  SELECT NVL(MAX( ordre), 0) + 10 INTO pio_crtrec.ordre FROM Usages ;
END IF;
```

Figure 83 – Incrémentation de la colonne d'ordonnancement (partie de transformation)

23.5   *Journalisation*

Après que la contrainte de journalisation ① ait été transformée en une table de journalisation par la transformation classique [Chapitre 20.5.6], les APIs de tables doivent alimenter cette table de journalisation.

La contrainte de journalisation ① est transformée en une procédure **ins_jn(pi_crtrec, pi_mode)**. L'appel à **ins_jn(pi_crtrec, pi_mode)** sera réalisée dans les déclencheurs d'ajout, de modification et de suppression de tuple. Le paramètre **pi_mode** sera spécifique à chaque déclencheur [Chapitre 12].

<<Table>>
Usages
<<PK>> num : NUMERIC {aid}
<<NID-1>> <<M>> code : VARCHAR {word}
<<NID-2>> <<M>> libelle : VARCHAR {token}
descriptif : VARCHAR {string}
<<ORD-1>> ordre : NUMERIC {aid}
<<AAU>> ajUser : VARCHAR {word}
<<AAI>> ajDate : TIMESTAMP {dateTime}
<<AMU>> moUser : VARCHAR {word}
<<AMI>> moDate : TIMESTAMP {dateTime}
<<PK>> PK_Usa(num)
<<U>> NID1_Usa_code(code)
<<U>> NID2_Usa_libelle(libelle)
<<ORD-1>> ORD_Usa(ordre)
<<JNL>> JNL_Usa()

①

```
CREATE OR REPLACE TRIGGER Usa_BDR
        BEFORE DELETE ON Usages FOR EACH ROW
        DECLARE
                vl_oldrec Usages%ROWTYPE;

        BEGIN

                vl_oldrec.num := :OLD.num;
                vl_oldrec.code := :OLD.code;
                vl_oldrec.libelle := :OLD.libelle;
                vl_oldrec.descriptif := :OLD.descriptif;
                vl_oldrec.ordre := :OLD.ordre;
                vl_oldrec.ajUser := :OLD.ajUser;
                vl_oldrec.ajDate := :OLD.ajDate;
                vl_oldrec.moUser := :OLD.moUser;
                vl_oldrec.moDate := :OLD.moDate;

                -- Journalisation
                Usa_TAPIs.ins_jn(vl_oldrec, 'DEL');
        END;
```

Figure 84 – Création du déclencheur Usa_BDR (partie de la transformation)

23.6   *Graphe non orienté*

Après que la table associative représentant un graphe non orienté ait été transformée en une vue par la transformation classique [Chapitre 20.5.7], les APIs de tables doivent garantir l'existence des couples inverses dans la vue et l'unicité d'un couple unique dans la table de base.

Pour ce faire, les APIs de tables créent 3 triggers associés à la vue. Un trigger pour l'ajout, un autre pour la modification et un troisième pour la suppression.
En plus de ces 3 triggers, les APIs de tables empêchent l'ajout de données directement dans la table de base. Tout ajout devra se faire obligatoirement en passant par la vue.

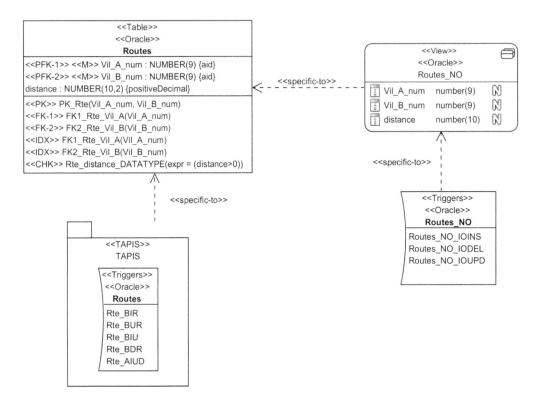

Figure 85 - Déclencheurs de graphe non orienté

Transformation du MPD-R Oracle en commandes SQL-DDL

Comme je l'ai déjà mentionné, les commandes SQL-DDL ne sont pas un modèle de données. Les commandes SQL-DDL permettent d'aligner une base de données relationnelle à un modèle.
Lorsque la base de données relationnelle est nouvelle, la commande SQL-DDL CREATE peut suffire.
Lorsque la base de données n'est pas nouvelle, les commandes ALTER et DROP sont nécessaires à réaliser l'alignement.

24   Table

Une table du MPD-R est transformée en une commande SQL-DDL **CREATE TABLE**.

<<Table>>
<<Oracle>>
Commandes
<<PK>> num : NUMBER(9) {aid} <<FK-1>> <<M>> Cli_passe_num : NUMBER(9) {aid} <<M>> dateReception : DATE {frozen, date} <<M>> express : VARCHAR2(1) {boolean} = 'N' montantRetenu : NUMBER(10,2) {nonNegativeMoney} dateGelee : DATE {date}
<<PK>> PK_Com(num) <<FK-1>> FK1_Com_Cli_passe(Cli_passe_num) {frozen} <<IDX>> FK1_Com_Cli_passe(Cli_passe_num) <<CHK>> Com_num_DATATYPE(expr = (num>0)) <<CHK>> Com_express_DATATYPE(expr = (express = 'Y') OR (express = 'N')) <<CHK>> Com_montantRetenu_DATATYPE(expr = (montantRetenu>=0))

```
CREATE TABLE Commandes (
  num           number(9) NOT NULL,
  Cli_passe_num number(9) NOT NULL,
  dateReception date NOT NULL,
  express       varchar2(1) DEFAULT 'N' NOT NULL,
  montantRetenu number(10,2),
  dateGelee     date,
  CONSTRAINT PK_Com
    PRIMARY KEY (num),
  CONSTRAINT Com_num_DATATYPE
    CHECK ((num>0)),
  CONSTRAINT Com_montantRetenu_DATATYPE
    CHECK ((montantRetenu>=0)),
  CONSTRAINT Com_express_DATATYPE
    CHECK ((express = 'Y') OR (express = 'N')));
CREATE INDEX FK1_Com_Cli_passe
  ON Commandes (Cli_passe_num);
```

Figure 86 - Transformation de la table Commandes en commande SQL CREATE

Les contraintes de colonnes de la table physique sont transformées en contraintes SQL-DDL :
- Les colonnes obligatoires, stéréotype **«M»**, sont transformées en contraintes **NOT NULL**.
- Les valeurs par défaut sont transformées en clauses **DEFAULT**.

Chapitre 24

Les contraintes de la table physique sont transformées en contraintes SQL-DDL :

- Les contraintes de clé primaire, stéréotypées «**PK**», sont transformées en contraintes **PRIMARY KEY**.
- Les contraintes d'assertion, stéréotypées «**CHK**», sont transformées en contraintes **CHECK**.
- Les contraintes d'indexation, stéréotypées «**IDX**», sont transformées en **INDEX**.
- Les contraintes d'unicité, stéréotypées «**U**», sont transformées en contraintes **UNIQUE** [Figure 87].

<<Table>>
<<Oracle>>
Usages
<<PK>> num : NUMBER(9) {aid}
<<NID-1>> <<M>> code : VARCHAR2(4) {word}
<<NID-2>> <<M>> libelle : VARCHAR2(50) {token}
descriptif : VARCHAR2(2000) {string}
<<ORD-1>> ordre : NUMBER(9) {aid}
<<PK>> PK_Usa(num)
<<U>> NID1_Usa_code(code)
<<U>> NID2_Usa_libelle(libelle)
<<U>> ORD_Usa(ordre)
<<CHK>> Usa_num_DATATYPE(expr = (num>0))
<<CHK>> Usa_ordre_DATATYPE(expr = (ordre>0))

```
CREATE TABLE Usages (
  num        number(9) NOT NULL,
  code       varchar2(4) NOT NULL,
  libelle    varchar2(50) NOT NULL,
  descriptif varchar2(2000),
  ordre      number(9) NOT NULL,
  CONSTRAINT PK_Usa
    PRIMARY KEY (num),
  CONSTRAINT ORD_Usa
    UNIQUE (ordre),
  CONSTRAINT NID2_Usa_libelle
    UNIQUE (libelle),
  CONSTRAINT NID1_Usa_code
    UNIQUE (code),
  CONSTRAINT Usa_ordre_DATATYPE
    CHECK ((ordre>0)),
  CONSTRAINT Usa_num_DATATYPE
    CHECK ((num>0)));
```

Figure 87 - Transformation de la table Usages en commande SQL CREATE

25   Relation

Une relation du MPD-R est transformée en une commande SQL-DDL de création de contrainte **FOREIGN KEY**.

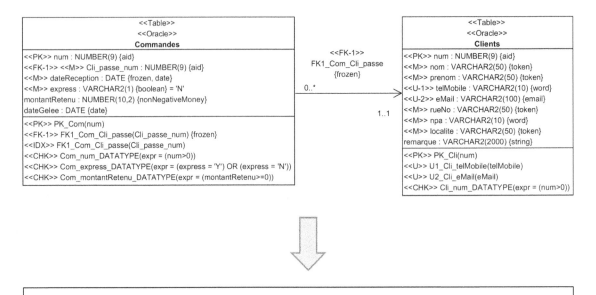

```
ALTER TABLE Commandes ADD CONSTRAINT FK1_Com_Cli_passe FOREIGN KEY (Cli_passe_num) REFERENCES
Clients (num);
```

Figure 88 - Transformation de la relation FK1_Com_Cli_passe en commande SQL ALTER TABLE ADD

Le générateur de code que j'utilise crée une contrainte de clé étrangère en modifiant la table qui la contient. Cette manière de faire est courante pour l'optimisation des générateurs de code.

26   APIs de tables

A ce stade les APIs de tables doivent simplement être générés, soit :

- Exécuter les commandes **CREATE OR REPLACE** des paquetages.
- Exécuter les commandes **CREATE OR REPLACE** des triggers.
- Exécuter les commandes **CREATE** des séquences.
- Exécuter les commandes **CREATE** des tables de journalisation.
- Exécuter les commandes **CREATE** des vues.

Annexes

A Notation du Modèle logique de données relationnel

UNIQUE	«U»	Unicité de valeur
PRIMARY KEY	«PK»	Clé primaire
FOREIGN KEY	«FK-i»	Clé étrangère ou intégrité référentielle
--	«ORD-i»	Ordonnancement
--	«JNL»	Journalisation
--	«PEA-i»	Pseudo entité associative
CHECK	«CHECK»	Assertion

Tableau 3 - Stéréotypes des contraintes

Contrainte SQL-DDL	Stéréotype de colonne	Nature	Stéréotype de la contrainte de table
NOT NULL	«M»	Obligation de valeur	--
--	«PK»	Colonne de clé primaire propre à la table	«PK»
--	«PFK-i»	Colonne de clé étrangère identifiante (partie de clé primaire)	«PK» «FK-i»
--	«FK-i»	Colonne de clé étrangère	«FK-i»
--	«U-i»	Colonne de clé secondaire unique	«U»
--	«NID-i»	Colonne de clé secondaire unique et non nulle	«U»
--	«ORD-i»	Colonne d'ordonnancement	«ORD-i»
--	«AAU»	Colonne d'audit – Utilisateur qui a créé le tuple	--
--	«AAI»	Colonne d'audit – Instant de création du tuple	--
--	«AMU»	Colonne d'audit – Utilisateur qui a effectué la dernière modification du tuple	--
--	«AMI»	Colonne d'audit – Instant de la dernière modification du tuple	--
--	«PEA-i»	Colonne de pseudo entité associative	--

Tableau 4 - Stéréotypes des colonnes

Contrainte UML	Applicable				Règle d'intégrité assumée par la contrainte (si elle est posée)
	Table	Colonne	Contrainte de table	Lien graphique de relation	
{frozen}	-	✓	-		La colonne ne peut pas être modifiée.
				✓	La clé étrangère (ensemble des colonnes) ne peut pas être modifiée.
{deletecascade}		-	-	✓	Pour une relation identifiante primaire: Les tuples enfants sont automatiquement supprimés en cas de suppression du tuple parent.
{oriented}		-	-	✓	Pour une relation réflexive de degré 1:1 ou 1:n : Les rôles de chaque table orientent la relation.
{nonoriented}		-	-	✓	Pour une relation réflexive de degré 1:1 ou 1:n : Les rôles de chaque table n'orientent pas la relation.
{gs}		-	-	✓	Pour une relation identifiante primaire : La relation est une généralisation - spécialisation.
{cp}		-	-	✓	Pour une relation identifiante secondaire : La relation participe à la simulation d'un produit cartésien.
{absolute}		-	✓	-	Pour une clé secondaire discriminante : La ou les relations identifiantes secondaires ne participent pas à la clé secondaire discriminante.
{abstract}	✓	-	-	-	Pour une table généralisée : Un tuple de la table généralisée ne peut pas exister sans un tuple d'une table spécialisée lié.

Tableau 5 - Contraintes UML

B Contraintes UML de type de données

Type	Valeurs autorisées
string	Chaînes de caractères pouvant contenir également les caractères de contrôles CR, LF et TAB.
normalizedString	Chaînes de caractères sans caractères de contrôle.
token	Chaînes de caractères sans caractères de contrôle ni espace superflu, un seul espace sépare deux mots.
word	Chaînes de caractères sans caractères de contrôle ni espace.

Tableau 6 - Contraintes UML de type textuel

Type	Valeurs autorisées
decimal	Ensemble $\mathbb{D}$ (nombre décimal)
integer	Ensemble $\mathbb{Z}$ (entier relatif)
nonPositiveInteger	Ensemble $\mathbb{Z}_-$
negativeInteger	Ensemble $\mathbb{Z}_-^*$
nonNegativeInteger	Ensemble $\mathbb{Z}_+$
positiveInteger	Ensemble $\mathbb{Z}_+^*$
nonPositiveDecimal	Ensemble $\mathbb{D}_-$
negativeDecimal	Ensemble $\mathbb{D}_-^*$
nonNegativeDecimal	Ensemble $\mathbb{D}_+$
positiveDecimal	Ensemble $\mathbb{D}_+^*$
money	Ensemble $\mathbb{D}$ avec une mise en forme monétaire Exemple : 1'230'000.00 CHF
nonPositiveMoney	Ensemble $\mathbb{D}_-$ avec une mise en forme monétaire
negativeMoney	Ensemble $\mathbb{D}_-^*$ avec une mise en forme monétaire
nonNegativeMoney	Ensemble $\mathbb{D}_+$ avec une mise en forme monétaire
positiveMoney	Ensemble $\mathbb{D}_+^*$ avec une mise en forme monétaire

Tableau 7 - Contraintes UML de type numérique

Type	Valeurs autorisées
duration	Représente une durée exprimée en temps selon le format ISO-8601. Exemple : `P1Y2M3DT10H30M12S` signifie 1 an, 2 mois, 3 jours, 10 heures, 30 minutes et 12 secondes Les valeurs négatives sont autorisées.
dateTime	Représente une date sur l'échelle du temps, comprenant jour, mois, année, heure, minute et seconde. Exemple : 28.10.2012 5:42:00
date	Représente une date à l'échelle du jour, donc sans la partie heure-minute-seconde. Exemple : 28.10.2012
time	Représente un instant de temps qui a lieu chaque jour, exprimé en heure, minute et seconde. Exemple : le train de 12:34
gYearMonth	Représente un mois et une année spécifique dans le calendrier grégorien. Exemple : octobre 2012
gYear	Représente une année du calendrier grégorien. Exemple : 2012
gMonthDay	Représente une date récurrente, exprimée par le jour et le mois. Exemple : La fête nationale suisse a lieu le 1er août (sous-entendu de chaque année).
gDay	Représente un jour récurrent dans le calendrier, exprimé par le jour. Exemple : le salaire est versé le 24 (sous-entendu de chaque mois).
gMonth	Représente un mois récurrent dans le calendrier. Exemple : Dans notre région, les vendanges débutent en septembre (sous-entendu de chaque année).

Tableau 8 - Contraintes UML de type temporel

C   Glossaire

AGL	Atelier de génie logiciel Concepts proches de CASE en anglais
ANSI	American National Standards Institute Institut américain de normalisation http://www.ansi.org/
biunivoque	Un élément a_i de l'ensemble A a un et un seul élément b_j correspondant dans B et vice-versa.
CASE	Computer Aided System Engineering Concepts proches d'AGL en français
CPLN	Centre professionnel du Littoral neuchâtelois
Designer	Outil CASE du constructeur Oracle utilisé couramment entre les années 1995 et 2005
DSL	Domain Specific Language Langage spécifique à un domaine
EA	Entité-Association Traduction française du concept ER de P. Chen La méthode Merise préconise de réaliser un modèle conceptuel de donnée (MCD) qui est un modèle Entité-Association
ER	Entity-Relationship Représentation de données (ERD[32]) ou modélisation de données (ERM) Le concept ER a été développé par P. Chen en 1976. En principe, le niveau d'abstraction est élevé, conceptuel ou logique.
ERD	Entity-Relationship Diagram
ERM	Entity-Relationship Model
Expression régulière	Chaîne de caractères ou motif qui décrit la forme que doivent avoir les éléments d'un ensemble
Formes normales	Les *formes normales* sont un formalisme qui permet de vérifier l'atomicité des données (élémentarité) d'une part et l'absence de redondances d'autre part.
ISO	Organisation internationale de normalisation www.iso.org
ISO-8601	[https://fr.wikipedia.org/wiki/ISO_8601] (consulté le 11 août 2016) *La norme internationale ISO 8601 spécifie la représentation numérique de la date et de l'heure — respectivement basées sur le calendrier grégorien et le système horaire de 24 heures. Cette notation, créée en 1988, est particulièrement destinée à éviter tout risque de confusion dans les communications internationales dû au grand nombre de notations nationales différentes.*
ISO 3166-1	Norme ISO des codes de représentation des noms et codes normalisés de pays Pour plus de détails : https://fr.wikipedia.org/wiki/ISO_3166-1
IT	Information Technology Technologies de l'information
MCD	Modèle conceptuel de données

---

[32] D pour diagram en anglais

	Seuls les traits très abstraits de la réalité à représenter apparaissent sous forme d'entités, éléments de même nature, et d'associations entre entités. Concept proche du modèle du domaine d'UP
MDA	Model Driven Architecture Architecture pilotée par la modélisation
MDE	Model Driven Engineering Ingénierie dirigée par les modèles
MLD	Modèle logique de données Les éléments technologiques de mise en œuvre apparaissent mais sans détails spécifiques.
MLD-R	Modèle logique de données de type relationnel
Mécanographie	[Petit Robert] *Emploi de machines ou de dispositifs mécaniques pour les opérations logiques (calculs, tris, classements) effectués sur des documents (administratifs, comptables, commerciaux, techniques, scientifiques)*
Merise	Merise est une méthode d'analyse, de conception et de réalisation de systèmes d'informations. Elle est le résultat des travaux menés par René Colletti, Arnold Rochfeld et Hubert Tardieu dans les années 1970
Métamodèle	Le modèle qui fixe les modalités de réalisation d'un modèle.
MLD-T	Modèle logique de données de type tableur ou feuille de calcul
Modélisateur	Rôle du professionnel qui réalise des modèles pour représenter le monde réel ou pour élaborer l'architecture d'un système à produire
MPD	Modèle physique de données Les éléments spécifiques à une solution de mise en œuvre apparaissent avec tous les détails nécessaires à l'implantation.
MPDR-Oracle	Modèle physique de données de type relationnel incluant les spécificités du constructeur Oracle
MPD-R	Modèle physique de données de type relationnel
MPD-T	Modèle physique de données de type tableur ou feuille de calcul
MVC	Model View Controler Patron de conception modèle-vue-contrôleur
MVC-CD	Projet de recherche mené par les auteurs MVC : Patron de conception MVC CD : Contrôleur de données Partie spécifique au contrôle de données du patron de conception modèle-vue-contrôleur
NF	Normal Form Formes normales
OCL	Object Constraint Language Langage de description de contrainte adossé à UML http://www.omg.org/spec/OCL/
PL/SQL	Langage de programmation de procédures stockées propre aux bases de données SQL d'Oracle. PL/SQL est un langage procédural et structuré, il tire ses fondements de Pascal et Ada.
Relationnel	Modèle basé sur les relations entre éléments (colonnes) d'une relation (table) Le modèle relationnel a été proposé par E. F. Codd en 1970.
SI	Système d'information de l'entreprise
SII	Système d'information informatisé de l'entreprise Partie automatisée, à l'aide des technologies de l'information, du SI de l'entreprise

SGBD	Système de gestion de base de données
SGBD-R	Système de gestion de base de données relationnelle
SQL	Structured Query Langage Langage d'exploitation de bases de données relationnelles normalisé par l'ISO
SQL ANSI	Normalisation du langage SQL par l'ANSI
SQL-DCL	Structured Query Langage - Data Control Language Instructions de contrôle du langage SQL (COMMIT, ROLLBACK...)
SQL-DDL	Structured Query Langage - Data Definition Language Instructions de définition de structure de données du langage SQL (CREATE, ALTER...)
SQL-DML	Structured Query Langage - Data Manipulation Language Instructions de manipulation de données du langage SQL (INSERT, UPDATE...)
SQL Server	SGBD-R commercialisé par Microsoft
TI	Technologies de l'information
Transact-SQL	Langage de programmation de procédures stockées propre aux bases de données SQL Sybase et SQL Server
Tuple	Un tuple ou n-uple ou encore n-uplet est une suite d'éléments (x_1, y_1, z_1) tels que x_1 appartient à l'ensemble X, y_1 appartient à l'ensemble Y et z_1 appartient à l'ensemble Z. Un triplet, terme courant, est un tuple de 3 éléments. Le terme de tuple est couramment utilisé dans le monde francophone pour désigner une ligne d'une table du modèle relationnel.
UML	Unified Modeling Language Langage de modélisation unifié http://uml.org/
UP	Unified Process Méthode de développement de logiciels de gestion orientée objet proposée par Booch, Rumbaugh et Jacobson
Visual Paradigm	Logiciel de modélisation pour UML offrant des services d'AGL www.visual-paradigm.com
VP	Visual Paradigm
W3C	World Wide Web Consortium http://www.w3.org/
XML	eXtensible Markup Language Langage de balisage extensible http://www.w3.org/

D   Index

E Bibliographie

Blanc, X., (2005), "MDA en action : Ingénierie logicielle guidée par les modèles", Eyrolles, Paris

Jacobson, I., Booch G. et Rumbaugh J., (1999), "Le Processus unifié de développement logiciel", Eyrolles, Paris

V Kettani, N., Mignet, D., Paré, P. et Rosenthal-Sabroux, C., (1999), "De Merise à UML", Eyrolles, Paris

Kleppe, A., Warmer, J. et Bast W., (2003), "MDA Explained : The Model Driven Architecture(TM) : Practice and Promise", Addison Wesley

Larman, C., (2005), "UML 2 et les design patterns", 3e edition, Pearson Education, Paris

Muller, P.-A. et Gartner, N., (2000) "Modélisation objet avec UML", Eyrolles

Nanci, D., Espinasse, B., Cohen, B. et Heckenroth, H., (1992), "Ingénierie des systèmes d'information avec Merise", Sybex

Oracle Corporation
https://en.wikipedia.org/wiki/Oracle_Corporation
Consulté le 23 octobre 2018

Oracle Database
https://en.wikipedia.org/wiki/Oracle_Database
Consulté le 23 octobre 2018

Rochefeld, A. et Moréjoni, J., (1989), "La Méthode Merise Tome 3 : gamme opératoire", Les Editions d'organisation, Paris

Rumbaugh, J., Jacobson, I. et Booch, G., (2000), "Le processus unifié de développement logiciel", Eyrolles, Paris

Rumbaugh, J., Jacobson, I. et Booch, G., (2004), "UML 2.0 Guide de référence", CampusPress, Paris

Soutou, C. et Brouard, F., (2017), « Modélisation des bases de données », Eyrolles, Paris

SQL Data Types
http://www.w3resource.com/sql/data-type.php
Consulté le 1 octobre 2018

[PAS-1]   Sunier, P.-A., (2016), "Modèle conceptuel de données", Amazon, Gorgier

[PAS-2]   Sunier, P.-A., (2018), "Modèle logique de données relationnel", Amazon, Gorgier

Tardieu, H., Rochefeld, A. et Colleti, R., (1986), "La Méthode Merise Tome 1 : principes et outils", Les Editions d'organisation, Paris

Tardieu, H., Rochefeld, A., Colleti, R., Panet, G. et Vahée G., (1985), "La Méthode Merise Tome 2 : Démarche et pratiques", Les Editions d'organisation, Paris

Warmer, J. et Kleppe, A., (2003), "The Object Constraint Language", Addison Weslay

www.ingramcontent.com/pod-product-compliance
Lightning Source LLC
LaVergne TN
LVHW081347050326
832903LV00024B/1358